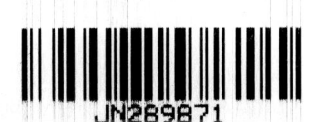

15分で基礎学力

リズム・テンポ・キレのある楽しい授業

井上和信 著

北大路書房

はじめに

子どもはすばらしい。子どもを見ていると子どもらしさというものが，いかに力強いものであるかがわかります。一例をあげてみましょう。

・一日に４時間から６時間の授業を受けて居眠りしない
（大人ならば１時間目で居眠りを始める－多分）

・ちょっと油断をするといつも廊下を走っている
（そのスタミナがすごい）

・ニコッと笑いかけるとニコッと応える愛想のよさがある
（すばらしいコミュニケーション能力）

・毎日宿題をしてくる
（大人は絶対真似できない）

・ちょっとしたことでも自信たっぷりになれる
（「ボクできるよ」と簡単に言いきってしまう）

いかがでしょうか。一つひとつがすばらしい人間力です。

こうした人間力を持った子どもたちが，それを失わずにこのまま大人になってくれれば世の中はどれだけ明るく元気になるでしょう。

ところが，なかなかそうはいきません。成長するにしたがい自分自身を見つめるようになります。すると，自分を他と比べて自信をなくしていく子どもが出てきます。周囲となじめず世の中に笑顔をむけることができなくなる子どもも出てきます。いろいろな理由から子どものころに見せていたストレートな力強さが失われていくことが何とも残念です。

しかも，その原因の一つに学力不足があるならば学校にとっては深刻な問題です。

近年，いわゆる学力低下が大きな問題になっています。しかし，それが原因で子どもらしい素直な明るさや将来の可能性を自分で摘んでしまうようなことがあればもっと大きな問題ではないでしょうか。

この本では＜学びの基盤づくり＞という学習を提案しています。原田小学校が平成 17 年度から始めたものです。とはいっても，新しい取り組みでも特別な取り組みでもありません。多くの学校がやっていることです。原田小学校も富山県の五福小学校や広島県の土堂小学校を視察させていただき，多くのことを学ばせていただいたうえで実施したものです。他の学校と違う点があるとすれば，1 時間目に毎日同じ内容を繰り返し繰り返し実施しているというだけです。

考え方の基本に，わからないのはわかるための知識や技能を忘れたからだ，忘れるのは定着していないからだ，定着していないのは徹底が足りないからだ，ということがあります。

＜学びの基盤づくり＞はその徹底が目標です。一度学習したことを想起し，習熟・定着を図るために職員が工夫を重ねて指導法を考えました。子どもらしい力強さを学びへの集中に変えるために，動きや速さ，声の出し方やリズムに工夫をしてきました。

そこで重視したのがリズム・テンポ・キレであり，それを実現するための「できる手ごたえ」「伸び」「速さ」「記憶力」「先生のリード」「揃う」「大きな声」です。

こうした，今までなかなか注目されなかった点から指導の手を加えることで，子どもらしい力強さを生かした指導法がつくり出せたのではないかと考えます。

この 2 年間に本校の取り組みに興味を持たれた多くの方々と意見を交換する機会を得ました。そして，そうした方々の多くがこの方法を取り入れたいと思われていることを知り，このような形でまとめさせていただくことにしました。本文中では 15 分間 3 コマで実施する事例を示していますが，15 分間 1 コマでもドリルの時間で活用されてもよいと思います。

私たちの取り組みはまだまだスタートしたばかりです。一定の成果を得ることはできましたが改善すべき点が多々あります。

子どもたちは勉強がわかれば自信を持ち笑顔を見せてくれます。学校は子どもに自信を与える場です。実力以上の自信を与えるべきです。思い込みでもかまいません。その自信が自分のこれからを切り拓いていくエネルギーになります。多くの学校，先生方とともに日本の子どもたちの基礎学力向上のために協力していければ幸いです。

最後に，本書の出版にあたっては北大路書房編集部の薄木敏之氏にお世話になりました。心から感謝申し上げます。

平成 19 年 3 月　　井上　和信

もくじ

第1章

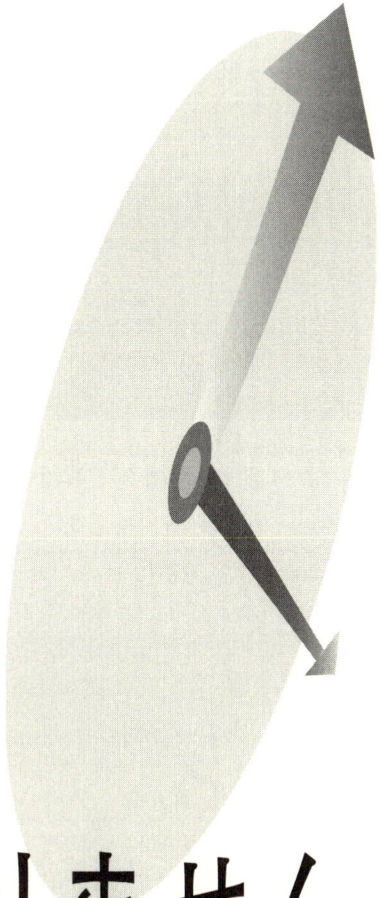

先生
わかりません

子どもから―先生わかりません―

「わからない」が「わからない」

授業を参観されたお父さんやお母さんは，「先生，〇〇がわかりません」と言う子どもがたくさんいると，「あんなに図や写真を使ってもわからないなんて，先生も大変だなあ」と思われるようです。

しかし，そうではありません。授業中に「〇〇がわかりません」と言ってくれることは，先生にとって非常にありがたいことです。

現在の小学校では，個別指導や補充指導などの一人ひとりに応じた指導体制が充実していますし，少人数指導を充実させる役割を担う先生も配置されています。指導のポイントがわかれば，プリントを用意したり資料を準備したりして指導することは可能です。

手ごわいのは＜わからないところがわからない＞子どもたちです。「どこがわからないの」「黒板を見てごらん」「前の勉強を思い出してごらん」

…。先生が何を言っても首をかしげるばかりです。しかたがありません。＜わからないところがわからない＞のですから。

「ここがわかりません」とわからない箇所を特定できる子どもは，そこがわかれば解決できる見通しを持っています。しかし，わからないところがわからない子どもは，課題の入り口にも立てていません。

こうした子どもは，心の中で思っていることでしょう。

「あれとか，これとか，特定できるものがわからないのではなくて，ぜ～んぶわからない。何のこと？」

教科によって，内容によって，場面によって，それぞれに違うタイプの「わからない」を持った手ごわい子どもが次々に出現してきますから，先生も大変なのです。

考えるイロハが「わからない」

ものごとを解決するには，見通しを持って手順よく追究していく能力，つまり問題解決能力が必要になります。

学習指導では一般に＜問題の把握＞＜予想＞＜追究＞＜まとめ＞という言葉を使います。これは学習段階としてとらえられることが多いようですが，実は人が何かを考えるときには絶えず行っている意識の作業です。

たとえば，福岡の人が札幌に行く必要ができたとします。

この人は，札幌に着かなければならない日と時間と持っていく荷物を考慮し，交通手段や費用，移動時間，経路を調べて，「○時の飛行機に乗り，札幌の飛行場から□時発の市内行きバスに乗り，目的地に△時に着く」などと考えていくのではないでしょうか。

この決定までには，実は問題解決のための多くの能力が動員されています。

たとえば，

・目的地の場所や指定された時間という与えられた条件を理解している。
・時刻表という情報源があることを知っている。
・時刻表から必要なページを見つけ出す技能を持っている。
・時刻表をもとに時間と経路を調べることができる。
・いくつもの時間と経路の組み合わせから自分の都合に見合うものを選択できる。

いかがでしょうか。こうした一連の流れとともに搭乗手続きや荷物の発送など多くの手続きがあり，その一つひとつをクリアするための問題解決が同時に行われます。

非常に複雑なようですが，私たちが日常的に行っていることです。

もし，この人が札幌の場所を知らなかったら，時刻表という存在を知らなかったら，時刻表で調べる技能がなかったら，などなど，いずれか一つでもできないものがあったら目的の時間に目的の場所に着くことは難しいでしょう。

子どもの学習にもあてはまります。大人から見れば簡単と思える問題でも，子どもにとっては非常に複雑な思考を伴うものが数多くあり，しかも相当量の学習を毎日続けています。問題を提示されても，その問題を理解する力や，見通しを持つ力，解決する手段としての知識や技能など，一つでも不足していたら，解決することはもとより考えることすらできません。そして，自分には能力がないという負の経験だけが蓄積されていき，学ぶことへの自信をなくしていきます。

わかったつもりで「わからない」

「昨日はできていたのにどうして？」

授業をしていると，そう言ってあ然とすることがあります。確かに昨日の授業中はできていたのです。今日わからないはずはありません。し

かし，実際に授業をしていると，こうしたことには頻繁に出会います。

学習内容には系統性や継続性がありますから，前回の理解のうえに今回の授業が成り立ちます。たとえば，『ごんぎつね』の「ごん」の行動や思いは，前回の場面での「ごん」の行動や思いを読み取ったうえで，その連続や変化として読み取る力が必要です。算数の学習についてはいうまでもありません。

なのに，前回の学習内容を忘れてしまっていては，もう一度前の時間の学習から始めなければなりません。

なぜ，こういうことが起こるのでしょうか。もちろん忘れることもあります。しかし，子どもは授業中に本当は理解していないのに，正しく読めたり正しく解決できたりすることが実際にあるのです。

授業中は，先生や友だちの考えが教室中でとびかいます。それを聞いていると，考え方や解決の手順をその流れに乗って把握し，自分で解決できてしまうことがあります。ところが，なぜその考え方であり手順なのか，という本質を理解していないために，その場を離れると忘れてしまうのです。理解しているつもりが理解していなかったのです。

ですから，「昨日はどうやって解いたか，よく思い出してごらん」と言われても困ったような顔をするばかりです。

こうした「わかったつもりで実はわかっていない」子どもは非常に多く，先生たちが苦労しているところです。

忘れてしまって「わからない」

忘れてしまったらわからないのは当たり前ですが，このことへの対応が指導する側にとっては大きな比重を占めています。

歴史の指導をすると強く感じます。歴史上の出来事や人物の活躍はバラエティーに富んでいるのですが，これを６年生の子どもに指導し定着させることは非常に難しいことです。多くの子どもたちは江戸時代を学習するころには，奈良時代と平安時代の違いや活躍した人物を混同しているのではないでしょうか。

また，小学校では１日に低学年でもおよそ４教科，高学年では５～６教科の学習があります。それらすべてを理解し忘れないというのは非常に難しいことだということは，小学生時代をふり返ればだれでも思い当たることでしょう。

子どもは大切なことと意識しつつも，日々，授業で多量の情報を浴び

ていると，どうしても忘れてしまうことが多いのです。忘れるなと言うほうが無理と考えるのが自然ではないでしょうか。

子どもに限らず人とはそういうものです。そのことを前提として指導法を工夫していくのが先生の仕事でしょう。

子どもが学習をわからなくなる理由について，いくつかの点から述べてきましたが，こうしたことがもとでわからなくなるから子どもらしいともいえます。しかし，子どもの可能性を信じることで成り立つ教師という職業に就いている以上，いろいろな理由をつけて子どもへの教育をあきらめたり手抜きしたりしてはいけません。子どもへの愛情や教育への情熱を，指導の手段に変えていく努力が必要です。

先生から―教えていいのでしょうか―

教えることに臆病になっていないか

お父さんやお母さんが子どもに勉強を［教える］といえば微笑ましいのですが，先生が勉強を［教える］となると，少しニュアンスが違って受け取られることがあります。「教える」が「教え込む」と混同されてしまうことがあるからです。

それは「教える」という行為が，（決してそうではないのですが）子どもが自ら考え自ら学ぶような教材開発や手順を省略して，教科書や説明だけで楽に授業を進めようとしているのではないか，という先生自身の自戒から生まれています。

どこの学校でも，先生たちがお互いの授業を参観しあい指導法について学ぶ研修会が行われています。そこでは「本当に子どもにとってわかりやすい教材であったのか」「発問は子どもの気づきをうながすものであったのか」など，子どもが自分で解決方法を発見するように導いたか否かが協議の焦点になります。先生たちの意識がこの点に向くのは，学校教育がいかに子どもの主体的で問題解決的な学習を重視しているかの表れです。こうした授業や協議が重視されることは，学校や先生方が積み重ねてきた財産として大切にすべきことだと考えます。

そうしたタイプの授業のよさは，追究力・思考力・判断力といった自分で解決する経験を積まなければ決して育たない力が育つということです。しかも，自分の力で獲得したものは身に染みてわかりますから，その保持や柔軟な応用が期待できます。

これまでの多くの指導事例集や研究発表会での公開授業は，こうした授業をいかにしてつくり上げるか，というものが中心でした。

ところが，こうした授業ばかりが主張されていると，次第に問題解決型の授業がよい授業で，そうではない授業，たとえば先生が問題を提示する授業，自力解決ではなく先生が説明していく授業などは未熟な授業であり，指導力量がない先生の行う授業であるかのように見られる傾向が出てきました。そのために「教える」ことに無意識に腰が引けてしまうのです。特に若い先生にその傾向が強いようです。

しかし，そうではないことは，実は問題解決的な学習を本当に実践している先生が一番よく知っています。

そうした先生は，問題解決的に追究させるべき内容と追究の土台となる内容を区分けし，追究させるべき内容を限られた時間内で最大限の追究させるべく問題解決過程を仕組み資料を準備していきます。また，追究の土台となる内容については，子どもに楽しくわかりやすく提示し，効果的に教えるようにしているのです。したがって資料づくりはもちろん話術も巧みです。

ただ，残念なことに，この土台づくりの場面は，多くの人を前にした授業で公開されることはほとんどありません。

たくさんの「わからない」にこたえるためには，今，目の前にいる子

どもたちにどんな力をつけることが一番大切なのか，この単元や教材でそれが可能か，などをよく考えて，必要であれば先生主導で教えることも大切なのです。そうした授業にもよさはたくさんあります。

課題に楽しく出会わせることができる，子どものわかり方を見て柔軟に指導法を変えることができる，具体化したりポイントを絞ったりして効率よく内容を理解させることができるなど，どれもわかりやすく楽しい授業づくりに必要なことですが，先生が中心になっても可能なことばかりです。

もちろん，先生の話ばかりではさすがに飽きがきます。要は教えることを中心にする授業と，子ども自身による解決を中心にする授業のバランスです。決して教えることに臆病になる必要はありません。

子どもに見える成果が自信につながる

問題解決的な授業をすれば，子どもは確かに問題を解決した喜び，あきらめずに試行錯誤をしてたどり着いた満足感や自信を得るでしょう。

では，先生が教えて理解させた授業では，子どもは学ぶことへの自信や満足感は味わえないのでしょうか。

学校の子どもの様子を観察するとおもしろいことに気がつきます。一輪車に乗れるようになった子どもは「先生，見て見て」と言いながら，先生のまわりを乗って見せます。早口言葉が言えるようになった子どもは，そばに来て何度も聞かせてくれます。他にも，できるようになったことは何でも見せようとするのが子どもです。

教室の中を観察していると，確かにポケモンを数多く知っている子ども，絵がうまい子ども，ゲームに詳しい子どもたちが幅を利かせています。教室の中で自信たっぷりに元気よく生活しているのは，そうした「できる」を見せることができる子どもたちです。

しかも，なぜそうなるのか，その仕組みはどうなっているのか，といった長々とした説明は必要ありません。端的に「言える」「できる」ことを見せつけることができる子どものほうが勢いがあるようです。

こうした子どもの姿から，子どもにとって「できる」「わかる」「言える」「描ける」などの目に見える形でアピールできる成果は非常に大きなステイタスであること，そして（ここが大切ですが）それが自分の力でそうなったか人に教えてもらってそうなったかは，あまり重要ではないということがわかります。先生や友だちに教えてもらってできるようになった子どもも，そのことは忘れて，できる自分をアピールしてきます。非常に現実的であり結果を重視する特性があるともいえます。

こうした子どもらしい特性は，学習にも発揮されるはずです。じっくり考えさせ育てることは何でしょうか。ストレートに「できる」「わかる」を実感させられるものは何でしょうか。両面から考えて，子どものたくましい意欲とアピールしたくなる自信を引き出していきたいものです。

教えてもらうことが中心の習い事

昔からお稽古ごとを「習い事」といいました。英語や算数が「塾」という言葉を使うのに対して，習字やお花などは今でも「習い事」という言葉を使う場合があります。

子どもたちが習い事に通っている，と聞くと習字やお花，そろばんを思い浮かべるはずです。

この習い事には教え方，習い方の特徴があります。それは，先生が正しい形を示して，それをなぞるように繰り返し練習させ「できる」ようにすることです。そのときに出される指示は，「もっときれいに」「もっとやわらかく」などのように非常に感覚的なものもあります。しかも，級や段といったレベルが示されており，その階段を登るごとに自分が先生のレベルに近づいていることを客観的に評価できる工夫がなされています。

さて，この一方的に技や感覚を与えられていく習い事では意欲は生まれてこないのでしょうか。

そんなことはありません。先生と同じことができるようになることで満足感や達成感，意欲を高めていくことでしょう。感覚というきわめて個性的なものまで受け継ぎます。

こうした習い事に見られる指導法は，いわゆる学習指導論としての認知度は低いかもしれませんが，もしかすると子どもたちに適した指導法として継承されているのかもしれません。

現在，多くの学習指導理論があります。その考え方の多くは外国（特に西欧）の理論からの強い影響を受けています。外国の優れた実践や理論を参考にすることは大切です。が，いろいろな書物で特に西欧と日本との生活習慣や考え方の違いが指摘されています。

西欧の子どもたちの考え方や行動様式を分析して生まれてきた学習理論が，無条件で日本の子どもにも通用するとはかぎりません。特に地域

や保護者の生活習慣や考え方を色濃く映し出している幼少期においては，日本の風土に育まれてきた指導法を見直す必要性を感じますが，いかがでしょうか。

今でも日本人は計算力に優れているといわれているそうです。子どもでも九九ができますから，買物やおつりの計算などが早く正確にできます。その九九は，一定の仕組みを教えた後は「九九一覧表」を使って繰り返し練習させます。「ごにじゅう」とそのまま覚えるだけではありません。時には「ににんがし」と＜が＞を入れて覚えさせます。＜が＞を入れて覚える算数的な意味はないはずです。覚えやすさがあるだけであり，そうした工夫として生み出され，無駄を省かれたエキスが九九です。しかも，子どもにも大人にも共通語ですから，大人ならだれでも手本を示すことができ，子どもは大人と同じことが言えるようになる手ごたえを感じることができます。

もしかすると，人との和を大切にする私たちの社会では，自分をとりまく周囲の人たちと同じ価値観を持ち同じことができるようになっていく過程で自信をつけ，社会人としての自覚を育てていくのかもしれません。ならば大人や先生は，見本を示しながらしっかりと教えていくことで自信を持たせていく指導法にも目を向ける価値があるはずです。

わからないに共通するわかる基盤のなさ

わかるための基礎と骨組み

知り合いの大工さんは「家は基礎（建物を支える土台）と骨組みさえしっかりしていれば，後はどうにでもなる」と言われます。後はどうにでもなるというのは，内部を改装しようと建て増ししようと，基礎と骨組みさえしっかりしていればビクともしない，という意味です。

学ぶためにもこれが必要です。学びを支えるしっかりとした基礎，つまり吸収できる素地が子どもになければ，ビクともしない理解は成立しません。

また，骨組みとは家の外観を内側で支える骨格ですから，学習では学ぶ姿勢にあたるでしょう。学ぶ姿勢がなければ，本当の理解に行き着かないのは当然といえます。

教室で行われている授業を見ると，見た目はどのクラスも同じように見えるかもしれませんが，この基礎（理解のための素地）と骨組み（学ぶ姿勢）の違いによって子どものわかり方は大きく違っているのです。

知的素地としての「学びの基盤」

学習は知的な作業です。考えることが中心になります。考えるためには何が必要でしょうか。

知らない漢字をどんなに考えても自然と頭に浮かんでくることはありません。ジャガイモをどんなに眺めていてもでんぷんが含まれていることを発見できません。漢字を知っていること，ヨウ素液の存在と特性を知っていることで実験も考えることもできるのです。

　ですから，何かを考えようとする場合は，まず考えるために必要なものを記憶の中から呼び起こさなければなりません。考えるとはすでに記憶されている情報を呼び出し，課題にあてはめたり，形を変えてつないだりして，新しい何かを生み出す作業だからです。呼び起こす情報が多いほど考えの幅も広がり判断も適切になってきますが，呼び起こす情報がなければ手も足も出ません。

　知的素地としての「学びの基盤」とは，子どもが目の前の学習内容を自ら考え自ら判断するために必要な，蓄えられた知的情報のことです。

　学習指導においては，授業中に理解させたことは，それが知識として蓄積されていくように工夫しなければなりませんが，先に述べたように子どもは忘れるということを前提とすれば，定着のための指導を絶えず意識して指導にあたっていくことが大切になってきます。

姿勢としての「学びの基盤」

　学習は知的なものですから，心が影響を与えるといってもピンとこない面があると思います。心の教育は道徳ではないか，という方もいるでしょう。ところが算数にも国語にも，心が強く影響を与えています。

ある学習場面における心を考えてみましょう。

他の人の邪魔にならないように活動しよう，グループの人の迷惑にならないように自分の仕事を一生懸命しよう，人が発表しているときにはしっかりと聞いてあげよう，自信はないけど意見を発表してみよう，先生に注意されたことを守って調べよう…。

いかがでしょうか。思いつくままにあげてみましたが，それぞれに道徳の価値項目である［協力］や［責任］などをあてはめることができそうです。そして，こういう心を持った子どもたちがいる学級は，学習の効率が上がり，結果として学力が伸びるとは思いませんか。こうした心のことを心がけとか学ぶ姿勢といいます。

学力というと，知識・理解や技能，表現力や問題解決力などをさすことが多いのですが，教室の中で学力を向上させるにはこうした学ぶ姿勢も向上させる必要があります。

子どもが，学ぶ姿勢を授業の場で体現したものを学習規律といいます。学習規律とは単なる形ではなく，他の人とともに学び，成果を生み出すために不可欠な道徳的実践力の一つです。したがって学習規律を守ることができる学習集団は，学力が向上する大切な要件を備えているということができます。

学級崩壊という現象がありますが，これは学習が成り立たなくなるほどに学習規律が乱れた状態のことをいうのであり，そうした学級で学力の向上を期待することはできません。

成功経験が生み出す意欲という「学びの基盤」

子どもの学習には，やる気が大切です。やる気は意欲や動機づけという言葉で表され，非常に早くから研究されてきました。

少し乱暴ですが，これらの論に共通することを平易な言葉で言えば，子どもは成功経験を積み，学ぶことに自信を持てばやる気が出るというものです。

教室では，そうした成功経験を積ませるために，ちょっとだけ難しいやりごたえのある課題を与え，自分で解決していく姿勢を励まし，努力を賞賛するという形の授業づくりに取り組んできました。

しかし，実際の教室には，わかり方のレベルが違う多くの子どもがいて，その＜ちょっとだけ難しい＞の幅が広すぎることが多いようです。そこに子どもらしいつまずきが生じ個別指導や補充指導が必要になってきます。意欲を育てるという面からも，やはり授業は難しいのです。

学習に意欲が必要なことは言うまでもありません。が，その意欲を育てるためには本をいくら読んでもなかなか答えは見つかりません。やはり子どもの姿から発見するのが一番確かでしょう。

子どもの一側面として自信を持ちやすいという特性を持っています。実力以上に自分を過信してしまう傾向があります。大人から見ればほんの些細なことでも，うまくできたことがわかるとすべてができたように喜ぶのが子どもです。特に低学年の子どもたちは，計算が１つできると，「自分は算数は得意だ」と向うみずなまでの自信を持ってしまいがちです。

こうした特性を備えていることはすばらしいことだと思います。人生のスタートに立つ小さな子どもたちが自分の可能性を信じて疑わずに歩き出すために，生まれながらに与えられた資質のような気がします。

学校では，この特性を積極的に活用した授業づくりに取り組むべきでしょう。

成功経験は，次の学習への意欲を生み出し，粘り強さを支えるもとになっていきます。計算や漢字への小さな自信を算数や国語の自信に引き上げ，やがて自分自身への自信に転化させていくような指導こそ，いわゆる生きる力を育てていく着実な方法ではないでしょうか。

第2章

学びの基盤づくり

＜学びの基盤づくり＞の授業とは

リズム・テンポ・キレのある15分間の授業

わかるためには基盤が必要なことを述べてきましたが，原田小学校ではその育成を目的とする＜学びの基盤づくり＞という時間があります。

原田小学校の子どもたちにもいろいろな「わからない」が頻繁に見られたために，平成17年度から導入しました。

平成16年度には，学力育成の先進校である富山県の五福小学校や広島県の土堂小学校を視察させていただきました。こうした学校のすばらしい実践をまねることから始めた原田小学校も，現在，先生たちの工夫と改善により次第に原田小学校らしいものになってきました。

特にリズム・テンポ・キレという独自のキーワードをもとに展開する進め方は，保護者や外部の先生方にも非常にインパクトがあるようです。また，この2年間で一定の成果を生み出すことができました。ここでは，そうした＜学びの基盤づくり＞の成果とつくり方について述べていきます。

◀ 楽しく

整然と ▼

＜学びの基盤づくり＞の授業

目的　子どもたちに授業内容がわかるための素地を育てる

方法　月～金の第 1 校時を 15 分間の 3 コマに分けて，「国語」「算数」「学年計画」で実施する

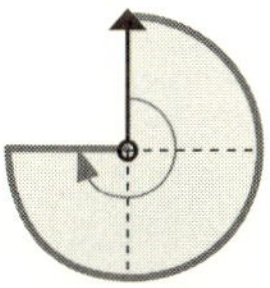

15 分×3 コマ

	月	火	水	木	金	土	日
1	国語	国語	国語	国語	国語		
	算数	算数	算数	算数	学年計画		
	学年計画	学年計画	学年計画	学年計画	学年計画		
2							

● 1 校時の内容（3 コマ）

キーワード　リズム・テンポ・キレ

内容（例）

教科	指導内容	
国語	音読 暗唱 視写	教科書教材 教科書教材，詩，古典等 教科書教材 ＊その他，学年に適した教材
算数	計算	基礎的な四則計算 単元内容につながる基礎的内容
学年計画	国 語，算 数 以外の教科・ 総合	（社）市町名，県名，地図記号 （理）草木名，実験器具名 （音）音符，演奏技能 （図）彩色，デッサン （体）鉄棒，跳び箱，縄跳び （総）百人一首，英語　　等

注）詳しい内容は第 3 章を参照してください

基本的な展開

音読・暗唱指導

1. ねらい　○ 正しい発音で正しく読む力を育てる。
　　　　　○ 国語のリズムを感じさせ，文章へ親しみを高める。
　　　　　○ 文字を形よく速く書く力を育てる。

2. 展開モデル

展開	学習活動	指導の留意点
導入	○ ボイス・トレーニング ・顔のストレッチ ・早口言葉	○ 顔の筋肉をほぐす。正しい発音を意識させる。 ＜褒める観点＞ ・口の開け方がいい　・発音がいい ・声が大きい　・リズムがいい
展開	○ 音読・暗唱 ・教科書を使って音読 ・暗唱作品表を使って音読・暗唱 ○ 視写 ・教科書を視写	○ 言葉を大切にしリズムを意識させる。 ○ 読み方に変化をつけ意欲を継続させる。 （一斉読み，たけのこ読み，交代読み） ＜褒める観点＞ ・言葉が明確　・表情がある　・リズムがいい ・よく覚えている　・間がいい ○ 正しい文字の形を意識して書かせる。 ＜褒める観点＞ ・線に勢いがある　・形がよくなってきた ・鉛筆の持ち方がいい　・姿勢がいい

計算指導

1. ねらい　○ 計算の基礎的技能を育て，算数への苦手意識を取り去る。
　　　　　○ 算数科学習において既習内容を自由に活用できるまで定着させる。

2. 展開モデル

展開	学習活動	指導の留意点
導入	○ 計算への準備をする ・フラッシュカード ・計算リズム遊び	○ 計算のウォーミングアップをリズムよく行う。 ＜褒める観点＞ ・正確になった　・速くできるようになった ・よく考えている　・声が大きい
展開	○ 計算練習 ・プリントを使って音読 ○ 答え合わせ ・成果をグラフに記入	○ 四則計算を繰り返させる。 ○ 計算に集中できるよう問題やプリント形式を工夫する。 ＜褒める観点＞ ・集中している　・正解が増えている ・姿勢がいい　・丁寧な計算ができている ○ 自分の前回の結果と競争させる。 ＜褒める観点＞ ・集中していた　・持続力が出てきた

前ページの基本的な展開の中に何回もリズムという言葉が出てきます。このリズムとは「歌うように」という意味です。音読でも計算でも理科でも社会でも歌うように進めていきます。子どもが思わず身体を動かしたくなるようなリズムを大切にしています。

下の写真の先生はみな指示棒を持っています。指すことはもちろんコンコンというリズミカルな音を出しながら＜学びの基盤づくり＞を進めていきます。指示棒以外にもカスタネットやタンバリンを得意とする先生もいます。

必需品の指示棒

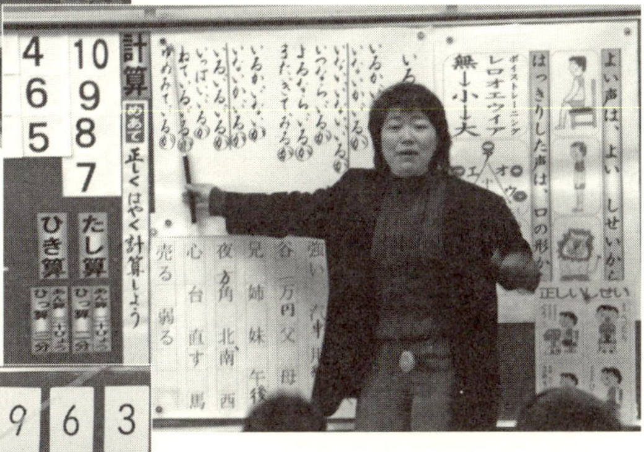

カスタネット使いの先生
（左手にはカスタネット）

タンバリン使いの先生

取り組みの成果

見違えるようになった集団規律

＜学びの基盤づくり＞の授業を始めた平成17年度からの2年間で，子どもたちは大きく成長しました。まず第一に集団規律の向上です。運動会の練習では非常によく指示が通るようになりました。全校朝会の際も態度に関する注意が必要なくなりました。学力育成の取り組みを行っていながら一番大きく変わったのが集団規律というのも変に思われるかもしれません。しかし，＜学びの基盤づくり＞と日常授業の充実をめざして取り組んだ結果として，確かに学習規律や集団規律がよくなってきたのです。

このことは，本校の取り組みが単に知的な面にとどまらず，社会性を育成する面にもよい影響を与えているのではないかと考えています。

▲ 冬休み明けの始業式で児童が並んでいる様子

学力の向上

原田小学校では，子どもの学力に関する多くのデータをとっています。下のグラフ１は平成 16 年度と現在のシステムにした 17 年度，18 年度の全単元末テスト全校平均の比較です。取り組みを始めて２年間ですが着実に成果が表れました。

また，グラフ２は学力テストの国語，算数の結果です。16 年度を０としての伸び率で表していますが，やはり年次を重ねるごとに学力が向上していることがわかります。

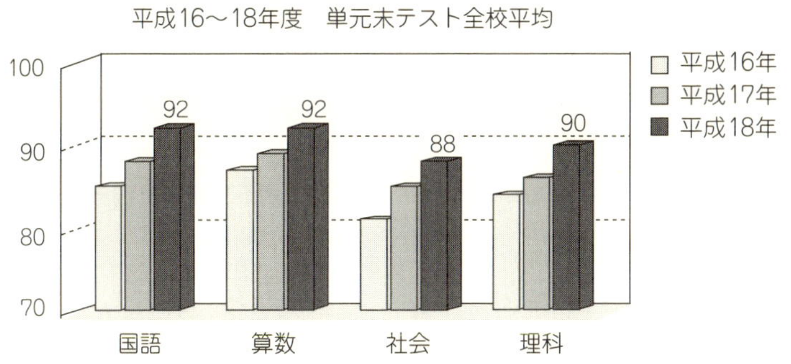

グラフ１　市販の単元末テストの平均（２学期終了時点）

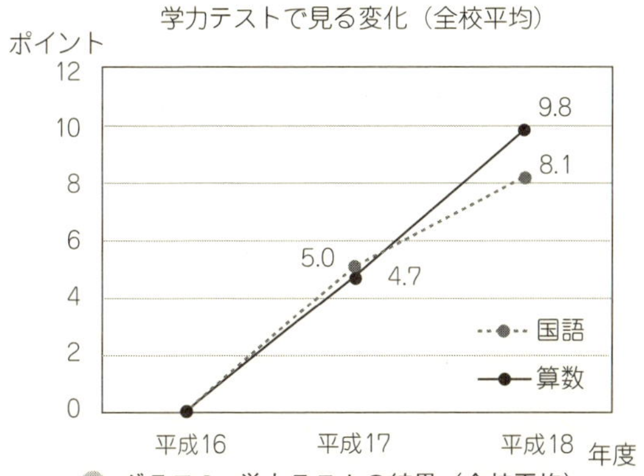

グラフ２　学力テストの結果（全校平均）

もちろん＜学びの基盤づくり＞の時間だけで出た成果ではないでしょうが，大きな要因になっていることは間違いありません。また，あくまで全校平均ですので大きく成長した子もそうでない子もいるはずです。しかし，成長には個人差がありますから，今後も子どもの特性をよく見て指導法や資料の改良を進めていきたいと考えています。

授業の効率化

＜学びの基盤づくり＞の授業を始めて，日常の授業も効率化してきました。それには2つの理由があると考えています。

一つは，もちろん子どもに学習を理解する素地ができたことによる授業効率の向上です。国語では本読みが非常にうまくなり字もきれいになってきています。

算数では基礎的な四則計算が習熟してきましたので，単純計算で間違う子どもが減りました。また計算はできているのに答の欄に違う数字を書き込む，単位を書き忘れる，などの小学生では非常に多い単純ミスが少なくなってきました。計算技能の高まりが精神的なゆとりを生み出してきたからでしょう。

理科や社会では言うまでもありません。思考をはたらかせて実験や調べ活動を行うこれらの教科では，基礎的な知識の習熟なしにはよりよい結果は生み出せません。＜学びの基盤づくり＞を行うことで学力が向上するのは当然のことです。

もう一つは学習規律がよくなったことによる授業効率の向上です。原田小学校では平成18年の11月に研究発表会を開催しました。子どもたちの集中力と授業態度には多くの先生方からお褒めの言葉をいただきました。外部の先生方から細かな点まで褒めていただくと，日常的に接しているために気づかずにいる子どもたちの成長を改めて実感します。

先生の意見

私は研究主任という立場とともに，平成15年度から4年間，高学年の算数を中心に少人数指導を担当してきました。

平成17年度に＜学びの基盤づくり＞を始める前は，高学年にも関わらず基礎計算の間違いが多いために計画通りに教科書を進めることが難しい状態でした。

たとえば5年生「小数のわり算」では，小数のわり算の仕方を理解しても，計算の過程で使うかけ算やひき算でつまずいてしまい，テストでも満足な結果を与えてあげることができませんでした。また，子どもたちも計算の苦手意識が強く算数の学習意欲も高くはありませんでした。

平成17年度に＜学びの基盤づくり＞を導入して以来，授業中に計算でつまずく子どもが極端に減りました。そのため，問題に数多く取り組ませることができるようになり，発展的な学習に進む余裕が生まれました。

また，研究主任の立場からは，先生たちがリズム・テンポ・キレを意識した密度の濃い指導ができるようになり，指導力量が向上したことを感じます。子どもの伸びを目の当たりにして努力のしがいを感じているようです。

研究主任　井上泰博教諭

先生の意見

＜学びの基盤づくり＞の学習を始めて気づいたことが３点あります。

第一に学習規律が身につきました。朝一番にボイストレーニングを行うことで，学習するスイッチがいっせいに入ります。緊張感に包まれながら１時間目が迎えられます。

第二に子どもが自分のよさ（伸び）を感じる機会が増えました。この時間ではさまざまな活動を行います。自分の目標や私が出すめあてを達成しようと頑張り，記録カードに伸びを記録します。「計算が３問伸びた」などと素直に喜んでいます。私もその努力を褒めることでいっそうの自信を得るようです。

第三に学級が支持的風土になります。学習はリズム・テンポ・キレを意識して行いますので，子どもたちは揃って速くこたえようと私の目を真剣に見ています。これを続けていくことで私とも友だちとも自然によい関係ができてきました。

＜学びの基盤づくり＞の取り組みは学級経営のよさにつながるようです。始める前に比べると子どもが落ち着き，自信を持って学習に取り組めているのがわかります。

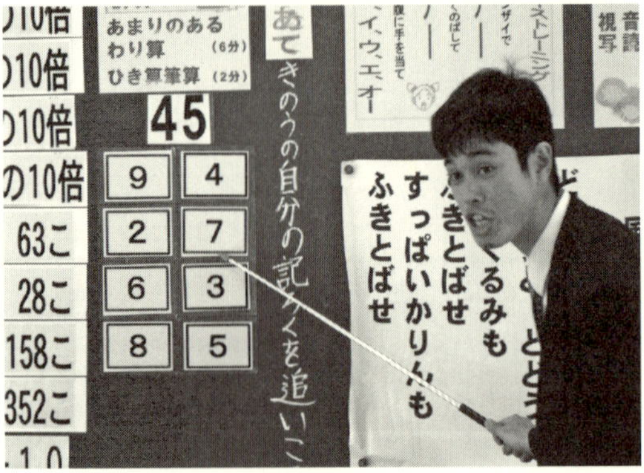

4年生学年主任
中島義之教諭

＜学びの基盤づくり＞のつくり方

わかるための基盤づくりという目的

学校では学習指導要領をもとに授業が行われますので，授業内容を理解することで子どもの基礎学力は伸びていきます。ところが，授業中に「わからない」があると学力どころか学ぶことにも意欲をなくしかねません。

これまでに繰り返し述べてきたように，多くの「わからない」は学習を理解する素地が不足しているか，あるいは定着していないために起こります。

＜学びの基盤づくり＞は，こうした状態を解消することで子どもに自分の力で解決する喜びと自信を与えることをねらいとしています。

普通の指導をした後，必要に応じて後補充を充実させればよいではないかという意見もあるかもしれません。しかし，後補充を前提とすれば，わからない子どもは，授業の間中わからない自分を意識し続けなければ

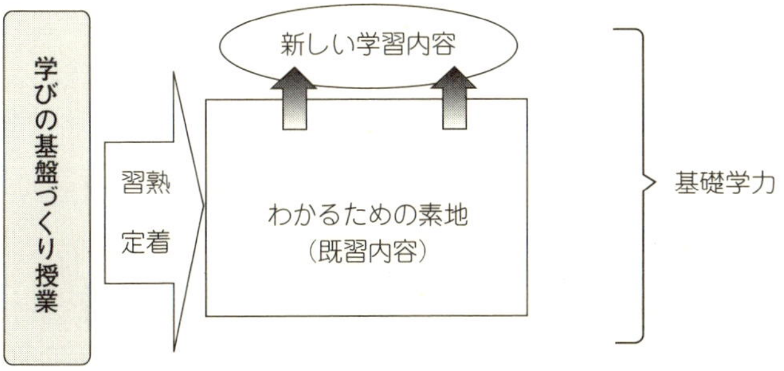

● ＜学びの基盤づくり＞のねらいは，わかるための素地の習熟・定着です。

なりません。それは学習への苦手意識や勉強ぎらいを育てていることにもなります。

＜学びの基盤づくり＞は後補充に対して先補充の意味もあります。学びの基盤となる事柄を授業前に習熟・定着させることで，授業を理解しやすくするとともに学びへの自信を育てることにもつながると考えます。

集中する 15 分間

＜学びの基盤づくり＞の授業内容は，これまでに学んだ事柄の想起と習熟・定着ですから反復練習が中心になります。すると，どうしても単調になりがちです。

先生たちは学習内容や子どもの動きに変化をつけることで飽きがこないように工夫をしていますが，やはり長い時間は集中できません。15分間という時間はこうした反復練習にはちょうどよい時間のようです。

また原田小学校のように，第 1 校時を 15 分 3 コマに分けて連続して行うような場合にも，教科が変化することにより気持ちの区切りがつき緊張感を持続できます。

内　　容

＜学びの基盤づくり＞の授業をつくるのに最も大切なことは，どのような内容を指導するかということです。

繰り返しますが，＜学びの基盤づくり＞は学習を理解する素地を育てることにあります。そうした素地の多くは，実は以前に学習している内容であり，本来定着していなければならないものです。

ところが，やはり人間ですから，忘れてしまったり，あやふやになったりします。結果として，教科書を開いても，これまでに身につけていたはずのものを活用できずにわからないままに終わり，苦手意識というネガティブな感情が少しずつ蓄積されていきます。

既習学習（体験）が身についていてこそ
新しい学習の理解が成立します。

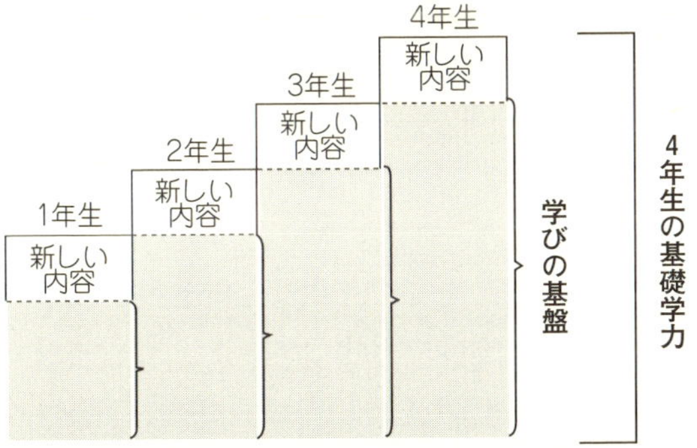

● ＜学びの基盤づくり＞の授業内容はこれまでに学んだことです。

そうした内容を想起し習熟・定着する＜学びの基盤づくり＞では，新しいことを学ぶのではなく，もともと「できていた」ことを想起させ，繰り返し反復練習をさせることで，いつでも使えるように磨いていくのです。

国語では，言葉の感覚，音読の力，漢字力などを育て，算数では，基礎的な四則計算の訓練や既習内容の想起を行います。

ここで注意すべきことがあります。＜学びの基盤＞の多くは既習内容である場合が多いのですが，時としてまったく別のものである場合もあります。

それは，日常生活を通して知っているであろうと思われることを前提に学習内容が組み立てられているものへの対応です。たとえばジャガイモが木に実っているという先入観があっては，栽培の学習もこれまでと同じではいけないでしょう。特に最近では，体験不足からくる意外な先入観を持っている子どもがいますから注意が必要になってきました。

そうした基盤についても気を配りながら，必要な内容をつくり上げていきます。

目で見て「いいな」と思える展開
—リズム・テンポ・キレ—

当然のことですが15分間で授業を成立させるためには，これまでのような45分間授業の考え方では無理が出ます。

それでも子どもが相手です。内容や活動の楽しさ，変化は必要です。また，最初はうまくいかなくても，先生たちのアイデアが反映されて次第に質の高い授業に改善されていかなければなりません。何より，先生たち自身が楽しめてこそ内容や方法のアイデアも生まれてきます。

そうであれば，どの先生が見てもそのよさや不十分さが判断できる授業であることが大切になってきます。見て「いいな」，やってみて「いいな」と思える授業でなければなりません。その「いいな」の理由を相互交流していくことで，先生たちに指導法が蓄積され力量が高まっていくからです。

そこで，内容が充実しており，15分間が効率的で，子どもが楽しく，先生も気持ちいい授業の見た目を決めるキーワードとして「リズム・テンポ・キレ」を考え出しました。

実際にはリズム・テンポ・キレを意識して授業を進めていくと資料や活動がスリム化してきますので，結果として時間のロスが減り，内容が充実してきます。見た目で「いいな」の授業は，次第に内容がいいから見た目もいいという方向に進んでいくようです。

授業例　－２年生－

一例として45分間で国語→算数→生活科（季節のもの）の学習をしている２年生の様子を紹介します。

国　語

○発声練習

朝一番に大きな声を出す練習をします。腹式呼吸を行いリズミカルに大きな声を出します。発声のための準備運動です。

○暗　唱

その学年に適した教材を使い大きな声で題材を読み上げます。最後は暗唱してしまいます。

詩や漢字なども読みますが，ゲームの要素を取り入れてリズムよく進めます。

○音　読

主に教科書を使い音読をします。いろいろな読み方で変化をつけます。毎日繰り返すことで教科書を暗記するくらいまで読み込みます。

○視　写

正しい字の形を練習します。低学年は正しく，高学年は速さも加味します。

※15分終了　休みを入れずに算数に移ります。

算　数

○数の感覚

フラッシュカードや黒板のカードを使って素早く計算する練習をします。

歌うようにリズミカルに進めます。

○計算練習，答え合わせ

プリントを使い，計算練習をします。毎日決まったタイムで2週間同じ問題を行います。

3分間100問を1日に2～4枚行います。

○記　録

答え合わせも数の感覚を育てる大切な時間です。先生が速く読み上げますので，子どもはそれについていきながら○×をつけます。

今日のタイムと点数を自分で記録し，自分の伸びを確認します。

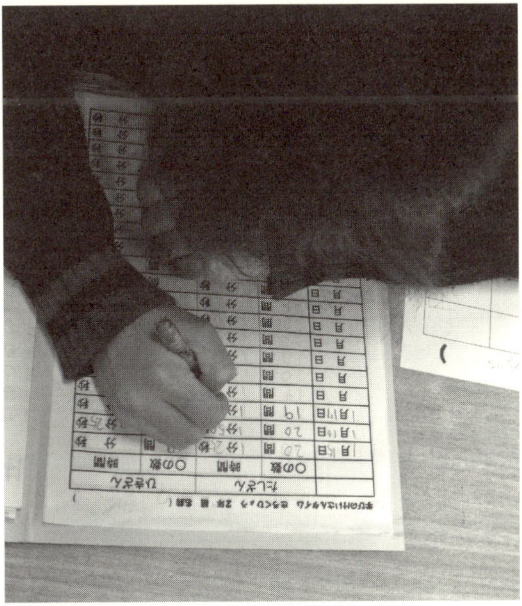

※ 15 分終了　休みを入れずに生活科に移ります。

生活ー季節のもの

○季節のもの確認

季節を表す植物や行事を楽しい掲示物にしておきます。これを指しながら名前を読んでいきます。

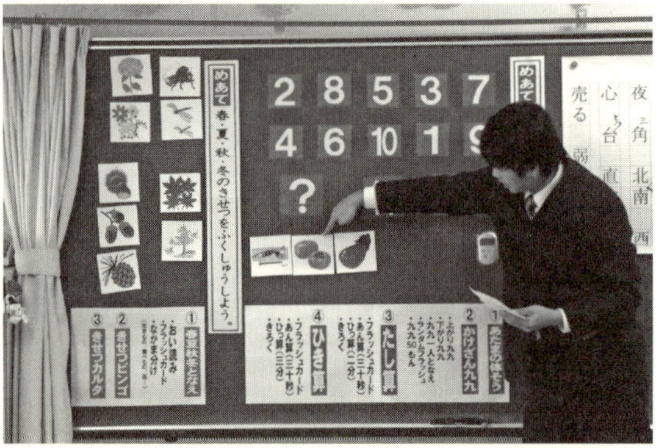

○分　類

カードを見て季節ごとの名前分けをします。

先生の出すカードに対して「夏」「秋」などと言いながら楽しく進めます。

○カルタ

季節のものを描いた絵をカルタにしています。先生の読み上げでカルタ取りをします。

名前だけではなく,「秋」という読み上げで秋に関連したものを取ることもあります。

○ビンゴ

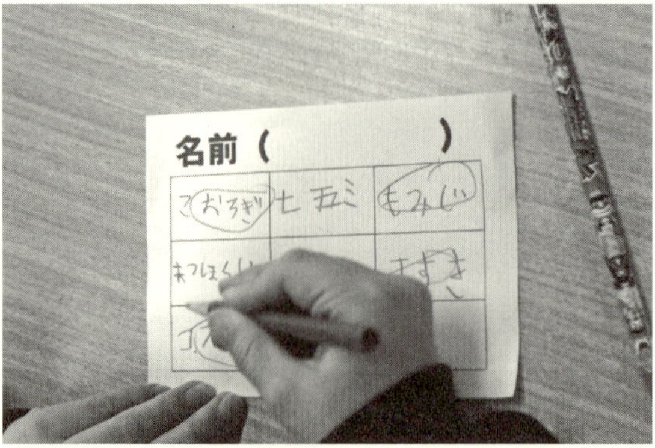

季節のものを書き込み，自分でビンゴカードを作ります。先生がランダムに読み上げますからそれにあわせてゲームをします。

下の学習内容をご覧ください。この１時間で非常に豊富な内容を学習していることがわかります。

これだけの内容を45分間で行うには，先生の指示の的確さとともに子どもたちの動きも重要になってきます。

外から見ていると，子どもの集中力は途切れることなく大きな声と素早い動きの中で学習が進み，アッという間に45分間が過ぎてしまいます。そして，先生は絶えずそうした子どもたちの一歩先を進み，カードを出したりタイムを計ったりしています。先生も子どもも，この時間に何をするべきかをしっかりと理解し，それに向かって少しのロスもなく進めていくのが＜学びの基盤づくり＞の時間です。

実践例の２年生が15分間３コマの中で学習した内容

国　語

○ボイストレーニング（２分）

○音読

・２年生３学期の漢字（３分）

・教科書「いるか」（３分）

・「スーホの白い馬」（３分）

○視写

・教科書「お手紙」（３分）

算　数

○頭の体操　暗算（2分）

・たし算10問　　・ひき算10問

・あわせて10の数10問

・10－いくつ10問

○かけ算九九－フラッシュカード－（2分）

・上がり九九　　・下がり九九

・九九一人となえ　　・ランダムフラッシュ

○かけ算九九50問（2分）

○たし算（4分）

・フラッシュカード　　・暗算

・筆算2分　　・記録

○ひき算（5分）

・フラッシュカード　　・暗算

・筆算3分　　・記録

生活ー季節のものー

○春夏秋冬となえ（5分）

・カードの追い読み－各季節30秒　計2分

・季節フラッシュカード

・秋の季節カルタの仲間分け

○季節ビンゴ－季節の言葉をビンゴカードに記入－（3分）

○季節カルタ取り（7分）

15 分間＜学びの基盤づくり＞の充実をめざして

リズム・テンポ・キレがキーワード

原田小学校の＜学びの基盤づくり＞の時間を参観された方は，そのスピード感と内容のバラエティーさに驚かれます。しかも，席を離れたりよそ見をしている子どもが一人もいません。子どもの集中と勢いが参観していてもわかるような授業になっています。これは，学びの時間がリズム・テンポ・キレというキーワードでつくられているからです。

リズム　15 分間の使い方と，一つひとつの活動に子どもが集中できるような工夫をしているかどうかを見ます。全体をリズミカルにするキーワードです。

テンポ　先生と子どもの動きのメリハリです。活動や作業の気持ちのよい進み方であり，素早い動きをつくり出すキーワードです。

キ レ　時間のロスをなくすための工夫を見ます。先生の説明が簡潔で明瞭か，子どもの動きに無駄な間がないかを見るキーワードです。

＜学びの基盤づくり＞の授業をスタートするにあたり，リズム・テンポ・キレをキーワードとした見た目から入ったことはすでに述べましたが，これは先生にとってのキーワードであるばかりではなく子どもたちにとってのキーワードでもあります。実際，このキーワードが子どもに作用すると，学力の向上とともに学習規律が向上します。しかも，その変化は非常に早い段階で実感できるようになります。

そこで，このリズム・テンポ・キレを学習成果に反映させるための条件を7点でまとめてみます。

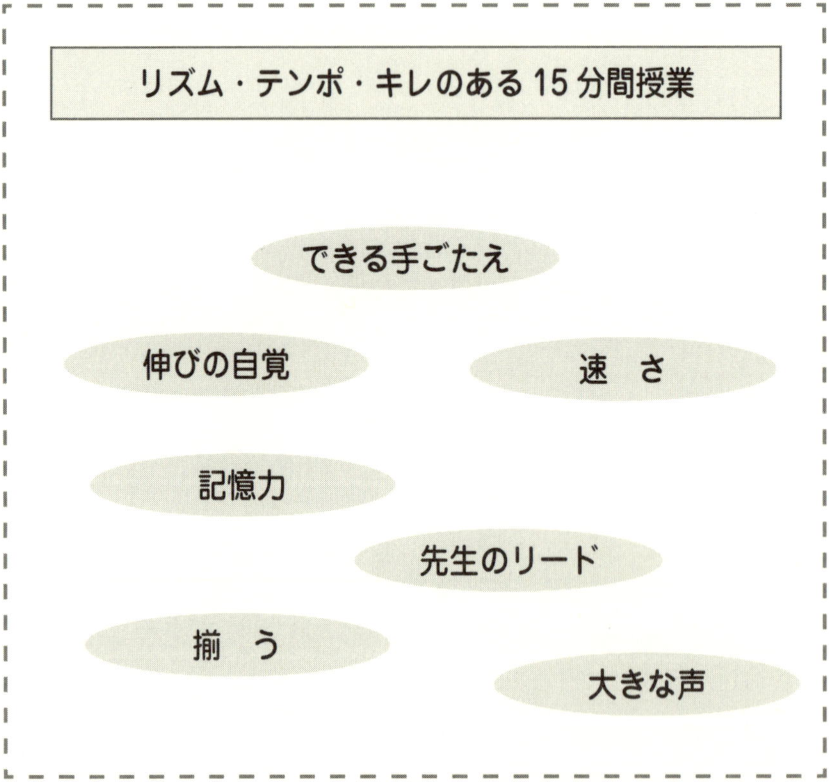

「できる手ごたえ」を与える

学習が得意な子どもは，問題を解くことができる子どもです。解く楽しさやできるようになる喜びを知っていますから授業に集中します。。

反対に苦手な子どもはその逆です。そのため解く楽しさやできる喜びを知りません。授業中も苦痛でしょう。

このように目の前のことを解決「できる」ということは，子どもの学習に大きな影響を与えます。百人一首を暗記することに夢中になるのは，一首覚えるたびに「言える」ようになっていく確かな手ごたえを感じられるからです。

習熟・定着を図る＜学びの基盤づくり＞では，この「できる」ようになる経験を連続させていくことで15分間が充実してきます。「できたようだ」という不安定なものではなく「できた」と確認できるものです。

九九も公式も単純計算も漢字も熟語も，すべて「できる」ことに主眼を置いて指導していきます。

もちろん，こうした指導の結果として単純に暗記したり計算できるようになっただけでは複雑な問題に対応することはできませんし，問題解決力が育つともいえないでしょう。しかし，それは次元が違います。まず「できる」ことを増やしていきながら成功経験を積み重ねさせることが大切です。できる自分を繰り返し確認させることで自信と意欲を高めていく楽しい時間にしていくのです。

先生が示した県の形を見て県名が言えるようになりました。（４年）

よい姿勢のまま演奏ができるようになりました。（1年）

カードを見た瞬間に計算できるようになりました。（2年）

「伸び」を自覚させる

とは言っても，毎回「できた」を感じていると，次第にマンネリ化して手ごたえを感じなくなってしまいます。

今回はできたけれども次はもっとよくできるかもしれない，という挑戦意欲をかき立てる状況に絶えず立たせておく必要があります。自分の力を試したくなるような状況です。

幸い＜学びの基盤づくり＞では「できた」の確認を重視しますから，どこまでできたかを記録しておけば，それより早く，長く，大きく，多く，うまくという一つ上の目標を持ちやすいという特色があります。

すると感覚的な「できた」よりは記録可能な「できた」のほうがより望ましいということになります。

グラフ化は非常によい方法です。低学年では無理でしょうが中高学年では，自分のできたレベルを学習のたびに記録させていけば，自分の伸びを確認できるばかりではなく，次の目標設定の目安にもなります。

ここで指導する先生の姿勢として大切なことがあります。それは「まだ小さいから」とか「まだ無理だよ」とか勝手に考えて，子どもの可能性の芽を摘んでしまわないことです。

子どもは大人が「こんなことができるかな」と不安でいても，軽々とクリアしてしまうことがあります。何がそうだとは言えませんが，そういうことが多々あることは子どもを指導してきた先生方ならわかるはずです。その原動力は子どもの自信と意欲ですので，先生方は子どもの意欲を大切にしつつ勝手な思い込みで子どもの可能性にふたをしないように注意しないといけません。

今よりも一段上を，と絶えず子どもの可能性を引き上げる気持ちが大切です。

世界の国の名前をプリントに書き込んでいます。毎日書ける量が増えています。

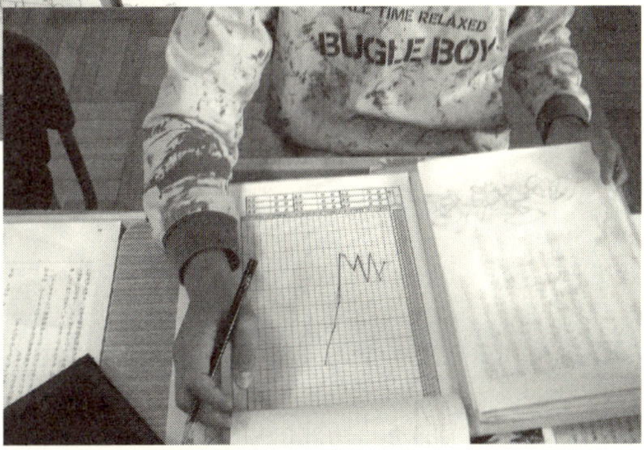

計算プリントの点数を自分でグラフに記録しています。

学習したプリントの量も日に日に増えていきます。

「速さ」を求める

15 ÷ 4 は 3 余り 3 ですが，これを 10 秒で解答する子どもと 2 秒で解答する子どもでは，どちらが計算力があるでしょうか。言うまでもなく 2 秒で解答する子どもです。

本を速く読める子どもとゆっくりしか読めない子どもでは，どちらが読みの能力が高いでしょうか。やはり速く読める子どものほうでしょう。

だれでも何かを始めた未熟なころは反応が遅いものです。絵を描くことも自転車に乗ることもパソコン操作もゆっくりとか少しずつしかできません。しかし，繰り返し練習していると脳や身体が鍛えられて次第に反応が速くなってきます。

習熟・定着をめざす＜学びの基盤づくり＞で速さを重視するのは，言葉や数に関する基礎的な処理を速く・正確に行えるようにするためです。

学習に速さを要求するのは教育的ではないという意見があるかもしれません。しかし＜学びの基盤づくり＞の特質から，速さという尺度で定着度を見ることには意義があります。たとえば，4 年生で 2 桁 ÷ 1 桁の余りのあるわり算では，１分で50問できる子どもがいます。この子どもはわり算の処理回路が鍛えられているため，わり算を使う問題で間違う確率は低くなるとはいえないでしょうか。しかも，スピードは子どもの遊び感覚を刺激して喜んで取り組ませる大切な要素にもなります。

しかし，どうしても速さについていけない子どもに対してはどうしたらよいでしょうか。

そうした場合は，別の教材を与えるようにします。計算プリントであれば問題量が少ないものやレベルを下げたものなどです。

しかし，実際に長く続けていると，はじめは速さについてこれない子どもも次第についてくるようになる場合が多いようです。子どもの適応力には差がありますから，早く適応できる子どももいれば長い時間をかけて徐々に適応できるようになる子どもがいてもおかしくはありません。ただ徐々に適応できるようになる可能性を持った子どもたちにその機会を与えることができるのも＜学びの基盤づくり＞の時間の特徴です。

ついていけないとすぐに先生が助けてくれる指導では，子どもが自分の力で友だちと同じレベルまで追いついていく経験は得られないのですから。

ストップウォッチで時間を計り昨日よりも速くよくできるように頑張ります。

楽器を使うことで速さを楽しいリズムにかえる工夫をしています。

「記憶力」を鍛える

小学校期ほど単純な記憶力が発達している時期はないでしょう。歌もすぐに覚えカルタも驚くほど速く取れるようになります。

教科書の本読みをしていてもすぐに覚えてしまいます。3年生を担任している先生が，毎朝『モチモチの木』を読ませていたら多くの子どもがほとんど覚えてしまった，と言われていました。

子どもは暗記が得意です。覚える量が増えていくことで先に述べた「できる」手ごたえを味わうこともできます。

毎日難しい古文を読ませていると，先生よりも早く覚えてしまいます。そんな子どもに「意味を説明してごらん」と聞くのは意地悪です。意味を説明するためには説明するための高度な能力や言葉についての知識が必要です。

しかし，たとえ意味のわからないことでも，記憶していることがその後の考えや行動を左右する場合は数多くあります。

たとえば大人は正常血圧の範囲を知っているからこそ自分の血圧から健康状態を判断できます。しかし，なぜその値が正常範囲なのかを説明できる人はごく限られた人だけでしょう。

ですから，意味がわからなくても記憶量が多いほど考え方や行動の幅が広がる可能性は高いのです。まして学習内容に関することであればなおさらです。

記憶するという子どもが喜ぶ作業を通して，大切な学びの基盤をしっかりと定着させながら，同時に記憶する力そのものを育てていくことは学力向上に直接つながってきます。この時期に特に発達している記憶力を活用しない手はありません。「できる」をめざして繰り返し反復していく＜学びの基盤づくり＞の時間で特に重視したいところです。

教科書も繰り返し音読して覚えてしまいます。（６年生）

高学年になれば古文も歌うように覚えていきます。（５年生）

宇美町で盛んな百人一首も競争できるまでになりました。（4年生）

先生が「リード」する

先生は，その時間のねらいをもとに15分間で最大の効果を得るように資料を作り，活動を考え，展開に変化を持たせます。

この時間は考えさせるというよりも習熟・定着させることに主眼を置きますから，繰り返し繰り返し読み，書き，計算していきます。その際，すべて先生が「このようにする」とモデルを示していきます。

教え方の一つに「形から入って心に至る」という言葉があるそうです。まず先生が示して，同じことを同じようにできるまで型を教えます。その型を身につけ上達していくに伴って次第に意味を理解していくというものです。第1章で述べた習い事はこうした教え方の典型です。

まして＜学びの基盤づくり＞で扱う内容は，一度は学習してきた内容がほとんどです。それを習熟・定着させるために解き方，言い方，読み方，書き方を先生がモデルを示しながら，解けるように，言えるように，読めるように，書けるようにしていきますので，先生が一歩も二歩もリードできなくては話になりません。

先生のリードが決め手です。

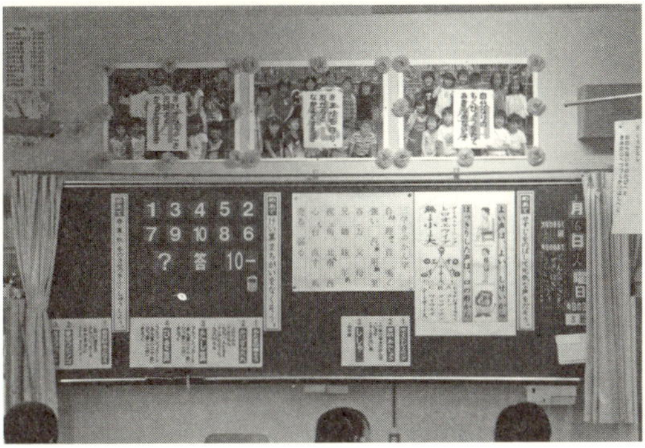

授業の最初から３コマ分の目標と使用する資料を準備しています。

「揃う」ことを求める

15分間を効果的に行うには，子どもたちの動きが揃うことが非常に大切です。教科書を机の中から出すのに手間取ったり，姿勢がいつまでも揃わなかったら次の活動を待たなければなりません。それが時間のロスになります。しかも30人以上の子どもたちが時間差でロスを生み出すと，その対応に追われ実際の授業時間は半分程度になる恐れもあります。

立つときは速く揃って立つ，本読みはきちんと本を持ち大きな声で，あるいは小さな声で揃えて読む，机の上には鉛筆の準備をしておく，など揃っていればリズムよく，テンポよく，キレよく授業を進めることができます。仮に途中でついていけなくなったら，邪魔をしないように先回りをして，そこになったら大きな声で読みに加わるといった工夫をしていけばよいのです。

こうした揃うことを重視していると，子どもも揃えることを意識するようになり，次第に先生の話をよく聞き周囲を見ながら行動できるようになってきます。これが学習規律や集団規律を大切にする態度になってきます。

声を揃えて大きな声で読みます。（6年生）

「大きな声」を出す

＜学びの基盤づくり＞の時間は先生も子どもも元気よく行います。

特に大きな声は大切です。朝一番に思い切り大きな声を出すことで気分がスカッとします。自分の大きな声を聞いて自分が励まされます。みんなの声が教室中に響くともっと大きな声を出したくなります。

最近，子どもの声が小さいようです。特に授業中の声には子ども特有のハリがありません。答えに自信がないからでしょうか。人前で声を出すこと自体に自信がないからでしょうか。

＜学びの基盤づくり＞では大きな声を出すことから始めるとよいでしょう。元気が出るだけではなく脳も活性化するといいます。「ワー」でもいいし，「オー」でもかまいません。そうして元気を出して，暗唱や本読み，計算も大きな声でできるようなリズミカルな授業づくりをしていくことが大切です。

元気が元気を呼び起こしてくれますから教室が明るくなります。そして，揃っていることを自覚すると他と協調する態度も育っていきます。

▲１年生もしっかり声を出します。

◀先生も大きな声でワー。
（３年生）

一体感が生まれます。（４年生）

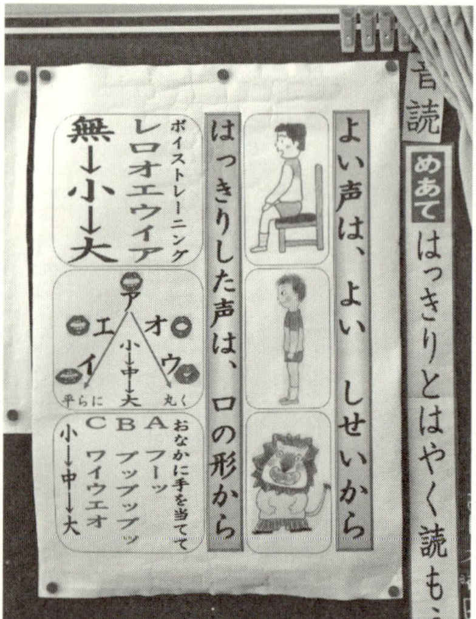

授業の最初の発声練習用の掲示です。各学級ではこうした資料を貼り，これをもとに発声練習をして＜学びの基盤づくり＞に入ります。

第3章

学びの基盤づくり授業例

＜学びの基盤づくり＞の授業

評価表

＜学びの基盤づくり＞の授業の基本的な展開は，ある程度のものを定めていますが（22 頁参照），これをベースに各担任が工夫を重ねていっています。

ただ，紙面ではスピード感，変化のメリハリ，時間のロスのなさ，そして先生一人ひとりの小さな工夫など，リズム・テンポ・キレが生み出す実際の授業の雰囲気を伝えることは難しいかもしれません。

下の表は，本校で授業研究をする場合に用いる評価票です。この評価票や本校ホームページ（http://www.umi.ed.jp/haruda_e/）の映像など

1　リズム＜時間の使い方＞					総合点　／32
○　導入は	4	3	2	1	
○　展開は	4	3	2	1	
○　終わり方は	4	3	2	1	□
2　テンポ＜メリハリ＞					
○　教師の動きは	4	3	2	1	
○　子どもの動きは	4	3	2	1	□
3　キレ＜説明や活動のスリムさ＞					
○　簡潔か	4	3	2	1	
○　明瞭か	4	3	2	1	
○　無駄な時間はないか	4	3	2	1	□

● 学びの基盤づくりの評価表

を参考にしながら読んでいただければ幸いです。

国語の15分間

国語の内容は教科書の本読みや文学教材の読みと暗唱，視写（文字の練習）などです。

高学年では文学教材を積極的に用いるようにしています。優れた文章には吟味に吟味を重ねられた言葉が使われているばかりだけではなく，意味を伝える組み立て方にもさらなる吟味がなされています。そうした文章を丸ごと暗記することは，日本語の語感やリズム，何より著者の感性を感じ取るうえで効果的です。15分間の中で，できるだけ多くの「読む」「書く」「話す」を組み合わせるようにします。

学年	教材（抜粋）
1年生	・あいうえお　・あめんぼあかいなあいうえお ・おちば　・はるなつあきふゆ
2年生	・たんぽぽのちえ　・あいたたた　・きまりことば ・うしのうしろに　・空にぐーんと手をのばせ
3年生	・いろはうた　・早口ことばの歌 ・うんとこしょ　・あなたが好き
4年生	・消しゴム　・月　・とんび　・風の又三郎 ・星とたんぽぽ　・雲　・島　・落葉松
5年生	・枕草子　・山のあなた　・草枕　・小景有情 ・初恋　・論語　・道程
6年生	・雨ニモマケズ　・奥の細道　・竹取物語　・源氏物語 ・徒然草　・小林一茶俳句　・春望

● 平成18年度に行った暗唱教材の一部

暗唱しよう（5年生・「草枕」）

夏目漱石の「草枕」の暗唱指導です。繰り返し読ませながら覚えるようにしていきますが，ゲーム性を持たせて意欲を持続させます。また，教科書の読みと視写を組み合わせています。

準備するもの

草　枕　　　夏目漱石

山路を登りながら、こう考えた。
智に働けば角が立つ。
情に棹させば流される。
意地を通せば窮屈だ。
兎角に人の世は住みにくい。
住みにくさが高じると、安い所へ引き越したくなる。
どこへ越してもすみにくいと悟った時、詩が生まれて、画が出来る。

人の世を作ったものは神でもなければ鬼でもない。
矢張り向こう三軒両隣りにちらちらする唯の人である。
唯の人が作った人の世が住みにくいからとて、越す国はあるまい。
あれば人でなしの国へ行くばかりだ。
人でなしの国は人の世よりもなお住みにくかろう。

越す事のならぬ世が住みにくければ、住みにくい所をどれほどか、
寛容て、つかの間の命を、束の間でも住みよくせねばならぬ。
ここに詩人という天職が出来て、ここに画家という使命が降る。
あらゆる芸術の士は人の世を長閑にし、人の心を豊かにするが故に尊い。

住みにくき世から、住みにくき煩いを引き抜いて、有り難い世界をまのあたりに写すのが詩である、画である。
あるは音楽と彫刻である。
こまかに云えば写さないでもよい。
ただまのあたりに見れば、そこに詩も生き、歌も湧く。

進め方の概略

① 暗唱している部分を確認します。

② 新しく覚える部分の練習をします。

③ 最初から暗唱してみます。

④ 教科書を読み視写します。

やってみましょう

1　これまでの確認

最初に，文節の１文字だけ書かれている黒板を見ながら，覚えている部分を大声で暗唱します。

先生は子どもの口を見て，一人ひとりの覚え方を確認しながらリードしていきます。

2　新しい部分の暗唱

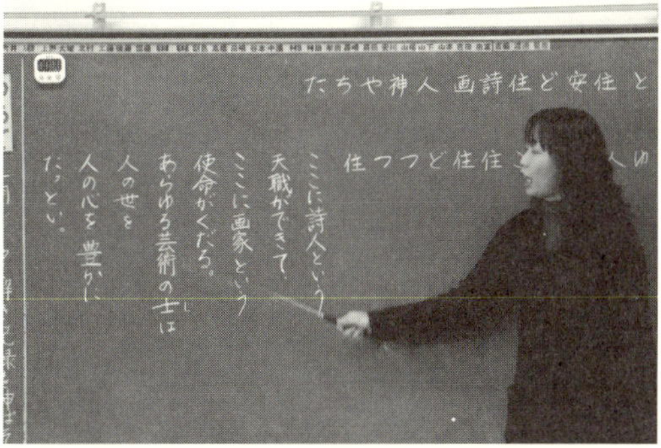

全文が書かれた新しい部分を先生と一緒に文字や読み方を確認しながら読んでいきます。

3　暗唱

先生が少しずつ文章を消していきます。

少し消すたびに新しい部分を最初から読み，消されても読めることを確認していきます。

4　全文を暗唱する

暗唱すべき文章の文節の最初の１文字だけが残りました。授業が始まってすでに15回以上は読んでいます。

この時点でほとんどの子どもが新しい部分を覚えています。

5　国語の本読み

毎日のリズムとして必ず教科書を読むようにしています。毎日読み続けて最後は教科書も暗唱することをめざしています。

6　視写

教科書を使って視写を行います。15分を「読む」「書く」「話す(大きな声で暗唱)」がセットになった時間にして語感を育てます。

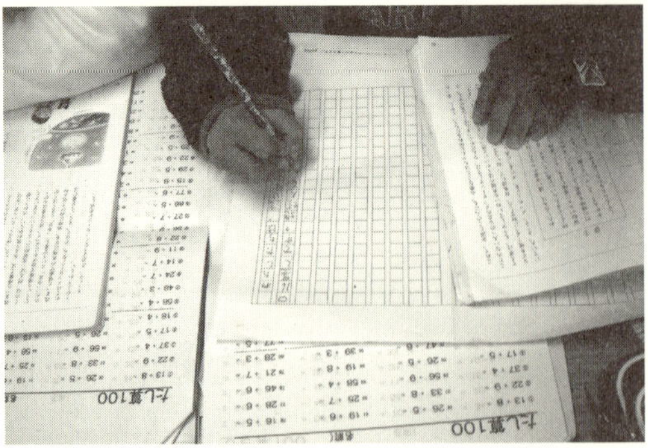

指導法の解説

暗唱させる技術としてはオーソドックスな方法を紹介しました。しかし，この方法は暗記の手ごたえを感じさせることができます。

少しずつ消されていく文字を覚えていて声に出すというゲーム性，消されても覚えているという自己確認，全文を覚えているという達成感とそうした自分の能力への効力感など，いろいろな要素が詰まって手ごたえが感じられます。

こうした指導を継続していると先生の言葉は必要ありません。紹介した学級も，開始の挨拶の後，先生が黒板を指し棒でコツコツとたたき始めます。それがリズムとなって「ハイ」の合図で最初から読み始めていきます。

本読みも「教科書○ページ」と言っただけで，素早く本を取り出し「読み」の態勢に入ります。

こうして，先生の短い指示で子どもが速やかに次の動きに移っていきますから，15分間の中に無駄な時間がなくなってきます。約10分の中で，全文を5回ほど，新しい部分を20回近く読んでいるはずです。

暗唱の後，必ず教科書の音読を行います。暗唱と文字を目で先読みし声に出して読むことの組み合わせは，相互に好影響を与えます。記憶力がついていき，最後は教科書も覚えてしまいます。

ひと工夫

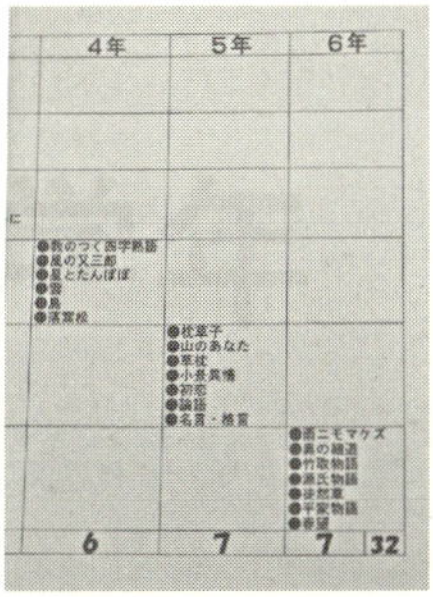

4年	5年	6年	
●[illegible]のつく四字熟語 ●風の又三郎 ●星とたんぽぽ ●[illegible] ●[illegible] ●落葉松			
	●枕草子 ●山のあなた ●[illegible] ●小景異情 ●初恋 ●論語 ●名言・格言		
		●雨ニモマケズ ●奥の細道 ●竹取物語 ●源氏物語 ●徒然草 ●平家物語 ●希望	
6	7	7	32

文学作品や古文の暗唱は学校として計画的に行うことが大切です。一覧表を作成し暗唱する本文を綴じておくと便利です。各学年ごとに保管し，実施しながら見直しをしていきます。

年度末に調整すれば，より学年に応じたものになるでしょう。

その他の事例

四文字熟語

日常的な四文字熟語は読書の理解を深めます。学年ごとに覚える熟語を決めています。もちろん漢字で書けるように練習します。

4 年生の指導の様子

漢字暗唱

これまで学習した漢字を声を出して読んでいくと漢字の忘れが少ないようです。

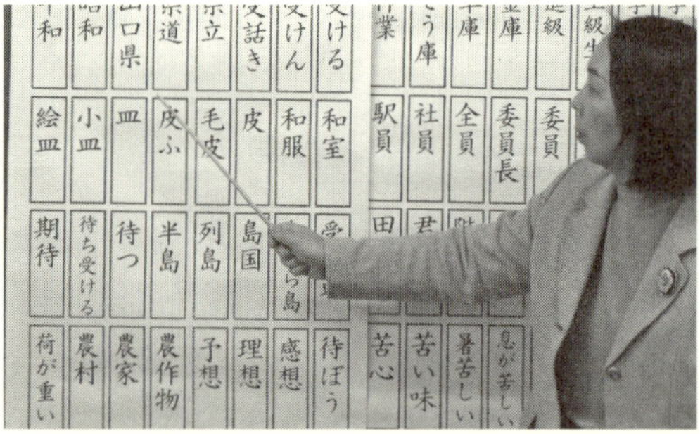

3 年生の指導の様子

表情読み

暗唱してしまったら表情をつけて読みたいものです。子どもたちが考えた「やさしく」「小さな声で」などを示すシールが文章の横に貼られています。

6 年生の指導の様子

算数の 15 分間

算数の内容は 2 つの観点から作成しています。一つはすべての学習の基礎となる四則計算の技能を高めることであり，もう一つはこれから教科書で学ぶ内容を理解する前提となる内容です。

いずれの内容を行うにしても第 2 章で述べたように，速さを意識して習熟･定着を図ります。昨日の自分よりも早くという意識を持ってやれば，単調な計算練習にも意欲的に取り組めるものです。

なお，計算技能の向上のために，暗算と筆算を必ず組み合わせるようにしています。

学年	教材（例）	
	黒板　フラッシュカード	プリント
1 年生	･1～10 の数カード，ドットカード ･10 までのたし算，ひき算 ･繰り上がり，繰り下がりのあるたし算，ひき算	･さいころゲーム（数の合成分解） ･10 までのたし算，ひき算 ･繰り上がり，繰り下がりのあるたし算，ひき算
2 年生	･1～10 までの数（10 の補数） ･20 までのたし算，ひき算 ･かけ算九九 ･数直線	･20 までのたし算，ひき算 ･10 の位のたし算，ひき算 ･筆算（2 位数のたし算，3 位数－2 位数） ･九九
3 年生	･1～10 までのたし算，ひき算 ･20～90 までのたし算，ひき算 ･÷ 10，× 10，× 100 の計算 ･2 桁× 1 桁，2 桁× 2 桁	･1 桁のたし算，かけ算 ･2 桁のひき算，2 桁÷ 1 桁のわり算 ･余りのあるわり算
4 年生	･小数のたし算，ひき算 ･面積，概数，角度 ･単位換算 ･大きい数× 10，× 100，÷ 10	･1 桁の四則計算 ･余りのあるわり算 ･2 桁のたし算，ひき算の筆算 ･小数のたし算，ひき算，かけ算の筆算
5 年生	･小数のかけ算 ･わり算の筆算と商の位置 ･小数（0.8 は 0.1 の何こ分） ･分数（液量図）	･繰り上がり，繰り下がりのあるたし算，ひき算 ･2 桁× 1 桁 ･余りのあるわり算
6 年生	･分数×整数，分数×分数カード ･分数カード(2/5は1を5等分した2つ分) ･分数の面積図 ･最小公倍数	･2 倍と 2 分の 1 の計算（× 2　÷ 2） ･公倍数と公約数 ･小数の四則計算（筆算含む） ･分数の四則計算

● 平成 18 年度に行った内容の一部

計算を得意になろう（3年生）

四則計算の練習です。特に計算はリズムよく計算させることが楽しく練習させる大切な要素になります。この例では先生がタンバリンでリズムをとりながら黒板に書かれた式の計算をしていきます。

準備するもの

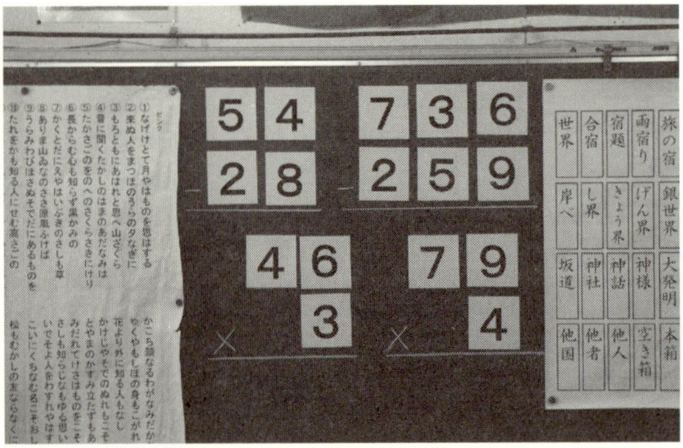

板書

進め方の概略

① 1桁の四則計算でウォーミングアップをします。

② 2桁×1桁，2桁×2桁の暗算をします。

③ 単位変換の練習をします。

④ プリント（四則計算）で計算練習をします。

⑤ 答え合わせをします。

やってみましょう

1　黒板での計算練習

黒板にたし算やひき算がカードで４問つくられています。このカードの数字を最大限活用します。写真の先生は，５・４・７・３・６の順でカードを指しています。指す前に「たす２」と言い，５から２段目の９まで指していくと，子どもは「７・６・９・５・８…」と「たす２」をした数を言っていきます。このときタンバリンを使います。

先生「たす《タン》　2《タン》」　　子「7《タン》・5《タン》・9《タン》・5《タン》・8《タン》……」

これを「たす５」「かけ６」など＋－×÷を付けて数字を変えていけば，次々に新しい問題をつくり出し速くリズミカルに進めていくことができます。

2　筆算の暗算

黒板の４つの計算をします。54 － 28 を声を出して計算します。

「４から８はひけません。十から１を借りてきて14。14 ひく８は６…」という具合です。もちろんタンバリンのリズムにのって言います。

3　難度を上げた暗算

4問とも終わったら46×3の計算のかける数3の横，十の位に2が入りました。これで暗算に挑戦です。

4　計算の仕方の確認

暗算が終わったら黒板で丁寧に計算していき，全員で計算の仕方と答を確認します。

5　基礎的な単位変換

これまで学習した単位変換をカードを使って確認します。「1分は60秒」「1 lは10dl」と，子どもたちが次々に言っていきます。

こうした内容のバラエティーで飽きを防ぎます。

6　計算練習

プリントを使って計算練習をします。基礎的な練習ですから単純な問題を数多く解かせ手順を定着させます。ここでは，１桁の＋－×÷の各１枚50問をそれぞれに２分から３分で行いました。終わったら手を挙げて先生にタイムを聞きます。そのタイムは今日の記録としてカードに記録しておきます。

指導法の解説

与えられた計算ができても，その計算式を導き出すことができなければ意味がないという考え方があります。それは当然のことです。ただ，計算式の多くは計算ができなければ導き出せないことが多いのではないでしょうか。子どもたちが考えるときには「えーと，２個と３個で５個だけど，このうちの３個を食べたのか」などと，思考の流れの一部に計算が位置づいていることが多いのです。

ですから，計算に習熟するほどに思考の幅は広がっていきます。計算につまずいていては思考の流れはストップします。

結局どちらか一方というよりどちらも必要なのですが，小学生の場合は単純計算のつまずきから算数ぎらいが多くなりますから，計算技能の習熟を図ることには意義があります。

できるだけ多くの問題を，できるだけ速く解くことで計算のつまずき部分を除去していきたいと考えています。また，答え合わせでもできるだけ速く答を読み上げるようにしています。子どもはしっかりついてきますし，数への反応が早くなります。

また，早く終えた子どもたちのために，たとえば「今日は×５」と決めておくとよいでしょう。タイムを記入した後，時間がくるまでの間，計算の答に５をかけた答を求めさせていきます。制限時間がくるまでの「間」を無駄にしないための工夫です。

なお，本校では百マス計算の形式では練習していません。実践の結果，式を書いた形式のほうが効果的であるという先生方の意見が多かったからです。

1　フラッシュカードの活用

10 や 20 を書いたカードも便利です。÷２や×10 などいろいろな計算練習ができます。その場合，見やすい大きさで，速くめくりやすいようにつくるほうがよいでしょう。

2　答え合わせ

計算プリントには５問ごとにラインを引いておきます。

答え合わせのときに先生は答を５問ごとに一気に読み上げて一呼吸します。途中で見失った子どもも，その一呼吸で次の５問からの答え合わせに参加できます。

速さに最初はとまどいますがすぐに慣れます。

かけ算プリント

1	3 × 4 =	21	8 × 4 =	41	3 × 6 =
2	4 × 5 =	22	7 × 5 =	42	4 × 8 =
3	2 × 3 =	23	6 × 3 =	43	2 × 7 =
4	5 × 2 =	24	9 × 2 =	44	5 × 9 =
5	4 × 2 =	25	8 × 2 =	45	4 × 7 =
6	2 × 4 =	26	6 × 4 =	46	2 × 9 =
7	3 × 5 =	27	9 × 5 =	47	3 × 8 =
8	5 × 4 =	28	8 × 2 =	48	1 × 6 =

その他の事例

たし算，ひき算

一つずらした（カードの）数字 10 は，先生の指した数字 4 といくつの合計でしょう。

子どもは「4 と 6 で 10」「8 と 2 で 10」とリズミカルに計算していきます。

（カードの）8 をずらせば合計が 8 になる問題になります。

▲ 1 年生の指導の様子

十進法の習熟

70 + 20 というように，0 がついた数字のたし算をします。

× 10，× 100，÷ 10，÷ 100 と問題を広げます。

▲ 3 年生の指導の様子

液量図

液量図を用いての分数指導です。量と分数の関係が視覚的にわかります。

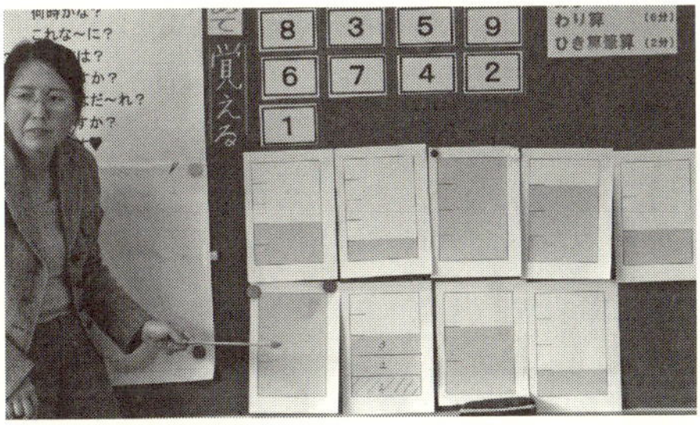

▲ 4 年生の指導の様子

学年計画の15分間

学年計画とは，その学年で必要とされる内容を学年で計画して実行することです。国語と算数以外の教科を行います。

原田小学校では＜学びの基盤づくり＞を時数カウントしますので，学年で責任を持って時数をチェックします。指導内容は週に3回設定している同学年会で話し合いますが，その内容や方法が有意義であれば同学年ばかりではなく他学年にも広がるような仕組みにしています。

学年計画で指導する内容は，年間計画の中に整理していますが，年度末には，全学年で見直し，ある程度の系統性を持たせるようにしています。

この15分間の指導内容は非常にバラエティーに富んでいますのでいくつかを紹介します。

学年	生活・社会	生活・理解	音楽	図画工作
1年生		・観察記録の書き方 ・作文 ・花の名前 ・発表練習	・リズム打ち ・鍵盤ハーモニカ	・色の塗り方 ・はさみの使い方 ・のりの使い方
2年生	・話し方，聞き方 ・テーマスピーチ	・観察の仕方 ・観察ノートの書き方 ・季節のカルタ	・ドレミ遊び ・鍵盤ハーモニカ ・合唱	・鉛筆描画 ・いろいろな線
3年生	・地図記号 ・八方位	・昆虫 ・春と秋の七草	・音楽記号 ・リコーダー	
4年生	・都道府県名	・花の名前 ・電流の通り道	・リコーダー	・デッサン ・折り紙
5年生	・工業地域・地帯 ・貿易 ・都道府県名，県庁名 ・河川，山地，平野	・誕生 ・天気の変化 ・植物の発芽，成長 ・実験器具	・リコーダー	
6年生	・都道府県名 ・世界の国々 ・歴史人物	・実験器具 ・小学校基礎知識	・リコーダー ・タンギング ・合唱	・デッサン ・色塗り

● 平成18年度に行った内容の一部

日本の県名を覚えよう（４年生・社会）

４年生の社会科では県内と国内の特徴のある地域の暮らしの学習を行います。そこで，地理的な感覚を養ううえで日本の県名と位置を知っておくことは大切です。また５年生の産業の学習でも役立ちます。

準備するもの

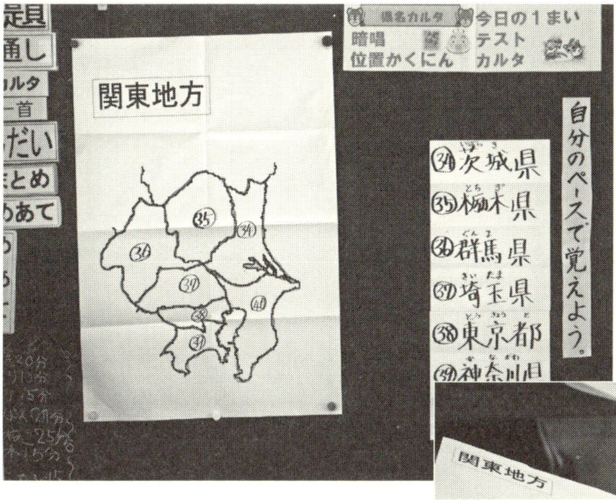

板書

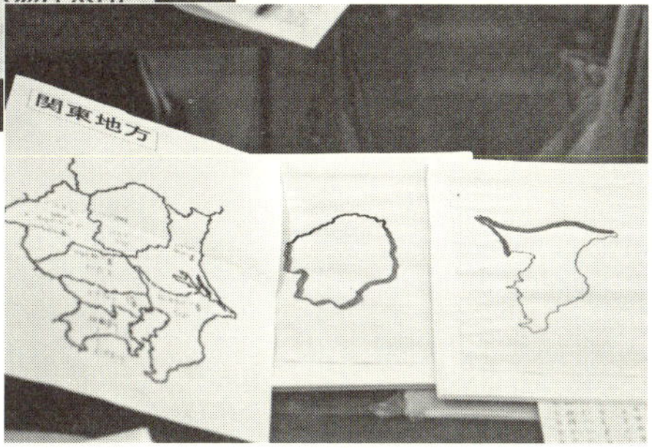

先生の準備

進め方の概略

① 県名と位置を先生と確認します。

② 机上に関東地方を想定し手で県を押さえます。

③ 県の形を覚えます。

④ 地図帳を見ながら県名を漢字で書きます。

⑤ 練習を繰り返します。

やってみましょう

1　全員で練習

黒板には，めあてと勉強する地方の白地図を貼っておきます。白地図には県ごとに番号を入れておきます。

先生が指した県が全員の子どもに見える大きさにしておく必要があります。

先生が指した県をみんなで一緒に言います。

先　生：関東地方
子ども：関東地方
先　生：茨城県
子ども：茨城県
先　生：栃木県
子ども：栃木県

というように，声を揃えてテンポよく，大きな声で言います。

2　机で練習

全員が言えるようになったら机上を関東地方に見立て県名を言いながら，その県の位置を机をたたくように押さえていきます。

県名を言いながらたたくたびにリズミカルで揃った音が響きます。

3　県の形を覚える

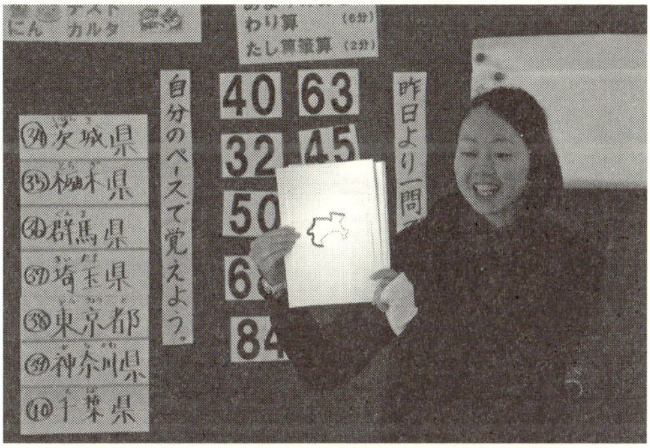

県の形を提示して子どもに県名を問います。

県の形の輪郭は，県境だけ強い線で強調されており，隣の県との位置関係が目でわかるようになっています。

4　漢字で練習

地図帳を見ながら県名を漢字で書き込んでいきます。

県名に使われている漢字は学習していないものも多くありますが，漢字で覚えることが大切です。漢字の持つイメージで位置を思い描くことができるようになります。

5　自分で練習

漢字での県名をイメージしながら，机の上で県の位置をたたいていく練習をします。

このときも「茨城県，栃木県…」と声に出しながら練習させます。最後に先生と一緒に，全員で声を揃えて練習します。

指導法の解説

県名と位置を覚えることは社会科のみならず日常生活においても非常に重要です。しかし，実際には小学生の段階ですべての都道府県の位置がわかる子どもは非常に少なく，漢字で書ける子どもはさらに少ないでしょう。

そのため中学校に入学すると苦労します。中学校では県名や場所を知っていることを前提に地理の学習が始まるからです。

小学校でも県名や場所を知っていると社会科の授業が充実してくることは間違いありません。ただ，白地図に県名を書かせて「覚えてきなさい」というだけでは社会科ぎらいになるばかりです。子どもにとっては非常に退屈でノルマを消化するだけの学習になります。

この実践では，言葉と文字と身体の動きをセットにしています。特に机をたたく音が揃い気持ちよいリズムに聞こえてくると，たたくこと自体が楽しくなります。そして，歌のようにリズムとともに県名と位置を覚えていきます。

ひと工夫

この方法で県名を言えるようになると，いろいろなバージョンが工夫できます。ただ県名を言うだけではなく「人口一番東京都」「海がないけど山梨県」など，その県の一番や特色をつけて覚える方法もあります。河川や平野名，世界の国々でも応用可能です。

また，県名は漢字で書かせるようにします。

漢字の持つイメージと県の位置がセットで理解されます。

4年生でも漢字で覚えます

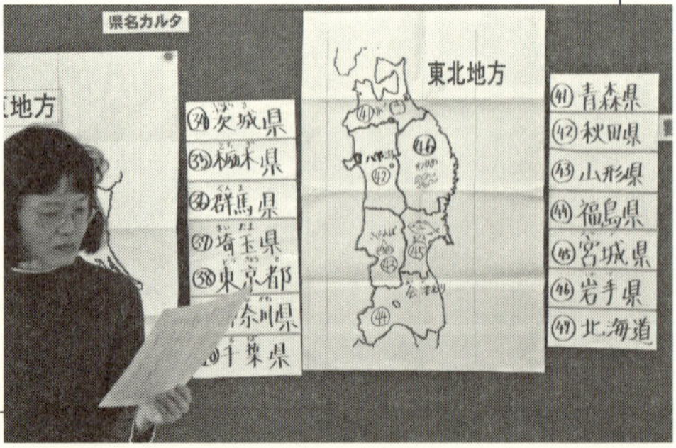

花の名前を覚えよう（１年生・生活科）

生活科の学習では，校外に出て，身近な地域の草花や昆虫を観察します。そこで見る花の名前を知っていると，地域や季節の特徴によりよく気づくようになります。

準備するもの

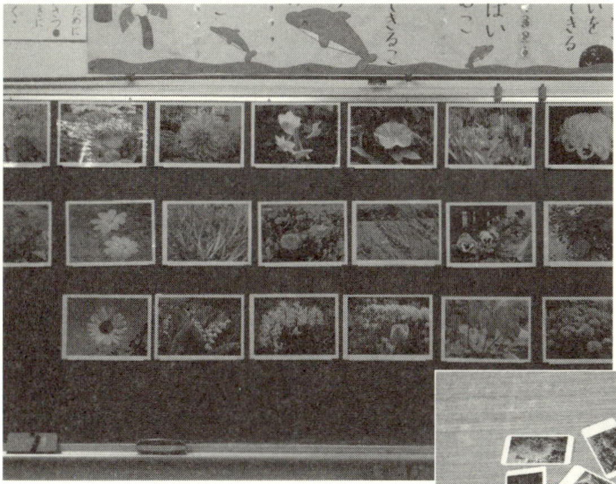

▲黒板に貼った写真を縮小してカード化したもの

進め方の概略

① 黒板に貼られた植物の写真の名前を順に言っていきます。

② 縦，横，ランダムに指された植物の名前を言っていきます。

③ 心の中で言っていきます。

④ カルタとりをします。

やってみましょう

1　花の名前を言う

黒板に身近な花の写真をたくさん貼っておきます。子どもは先生が指した写真の名前を言っていきます。こうした名前を覚えることを続けると子どもが飽きてしまうものです。しかし，先生は飽きさせない工夫をしています。

まずはリズムです。先生は指示棒でトントントンと軽く黒板をたたきます。その音にあわせて子どもたちが大きな声で花の名前を言っていきます。

トントンあさがお《トントン》トントンすずらん《トントン》トントンひまわり《トントン》　♪

カードが並んだ順序に，逆の順序に，ランダムにと指していくと，子どもたちは身体でリズムを取りながら歌うように次々に花の名前を言っていきます。

2　変化をつけて言う

一通り言い終わると，次は声に出さずに口の動きだけで言います。静かな中にトントンという音だけが響きますが，先生が全部指し終えるといっせいに「ヤッター」という声が聞こえます。集中して心の中で指された花の名前を言っていたことがわかります。その他にも変化を持たせるために

・子どもを半分に分け，交互に言わせる

・速さのレベルを徐々に上げていく

などの工夫もできます。また，花を指しながら「春」「秋」など咲く季節を言わせるというように変化をつけることもできます。

いずれにしろ，覚えるには繰り返すしかありませんから飽きさせずにゲーム的な要素を取り入れて楽しい時間にしていくセンスが大切です。

3　カルタをする

次にカルタをします。カルタは黒板に貼っていた写真を縮小したものです。

先生は花の名前を言い子どもが取っていきます。

なお，写真では先生がタンバリンを持っています。カルタでは子どもが花の名前をどれだけ理解しているかがわかりますので，こうして見回りながら名前を読み上げます。そこで移動中も音を出せるタンバリンを使っているわけです。

この15分間は机の移動をするときも先生が説明するときもずっとトントントンと鳴り響いており，楽しい雰囲気でリズミカルに進んでいきました。

なお，15分間で黒板に貼られた花の名前は5回ほど言うことができ，カルタは3回ほどできるはずです。

ひと工夫

リズムをとるために指示棒やタンバリンを使うことがあります。

タンバリンなどで規則正しいリズムを出しながら暗唱や計算をさせると，子どもが次第に身体でリズムをとり始めます。特に低学年の子どもは上下左右に身体を動かしながら声を出していきます。

身体で覚えるという言葉がありますが，子どもは身体と声というように，五感を複数同時に使うと楽しく感じて覚えが早くなるようです。

その他の事例

英語活動

チャンツ（話し言葉のリズムやイントネーションをそのままくずさないようリズムやビートにのせた歌）のように楽しく覚えていく授業は，15 分間の授業が非常に適しています。

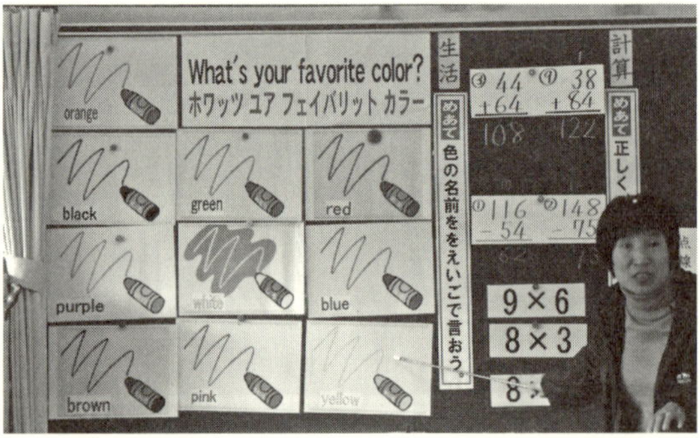

▲ 2 年生の指導の様子

実験器具

実験器具名や使い方は覚えるしかありません。暗唱と同じように名前を消したりしながら繰り返します。

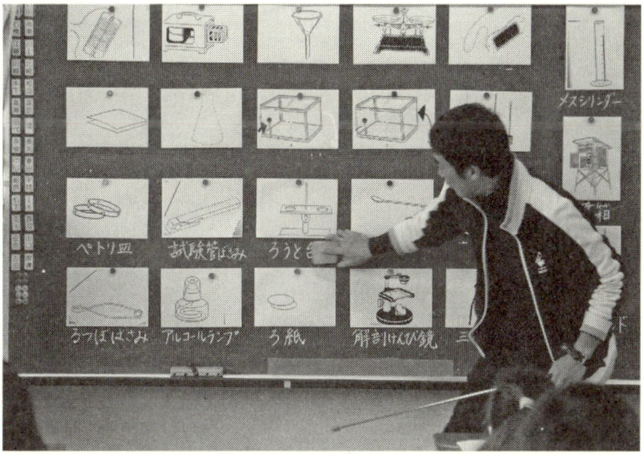

▲ 5 年生の指導の様子

ローマ字

特に間違いやすい言葉をカードの組み合わせゲームのようにして覚えていきます。

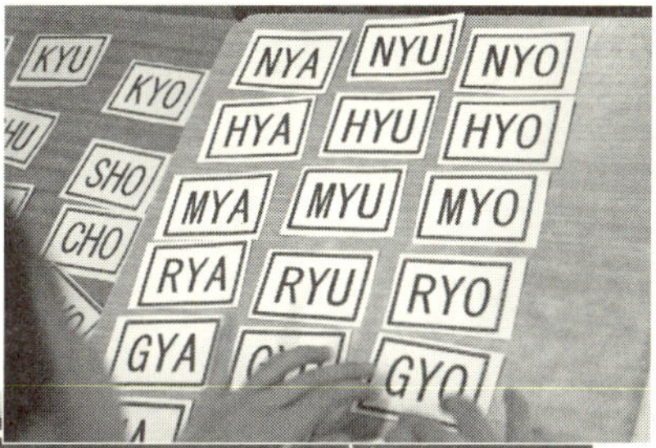

▲ 4 年生の指導の様子

第4章

学びの基盤づくりを支える学校体制

学校のシステム

ここからは，原田小学校のシステムについて述べていきます。原田小学校のシステムは，＜学びの基盤づくり＞や日常授業の充実をめざして，それを最も効率的に行えるように考えてつくっています。

＜学びの基盤づくり＞の授業を参観された他校の先生方の多くが，なぜ取り組みを始めての2年間でこれだけの規模（24学級）の全職員が意思統一して実施できるのか，と質問されます。

実は実施前の平成16年度から準備を進めていました。学校の方針とそれに基づく研究の内容，教育課程，校務分掌など，＜学びの基盤づくり＞を含めた学校のシステムについて全職員で協議し，共通理解のうえに平成17年度から始めたわけです。そのため始めて約2か月後の6月にはすでに軌道に乗っているように感じました。

＜学びの基盤づくり＞は学校の表面に出ている目立つ部分ですが，実はそれを可能にする学校のシステムこそ本校の柱だと考えています。

学力育成の年間チェックシステム

原田小学校では，学校の教育目標実現に向けた各学年の取り組みと成果をチェックしていくシステムになっています。

図は目標の実現状況をチェックしていく年間の流れです。年度当初に前年度の子どもの実態を踏まえた学校の学力目標（卒業時の学力目標）を決定します。

これを受けて，各学年が本年度にめざす到達目標を設定します。それは学年経営案にまとめられ，［学年目標審議会］にかけられます。

審議会を通過したら学年目標として承認されるわけです。この目標の

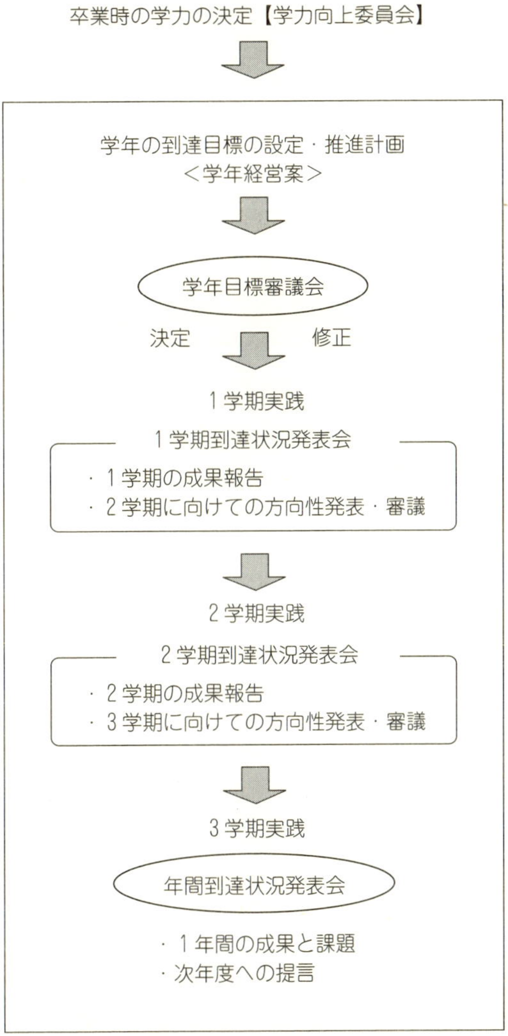
卒業時の学力の決定【学力向上委員会】
学年の到達目標の設定・推進計画
＜学年経営案＞
学年目標審議会
決定
修正
１学期実践
１学期到達状況発表会
・１学期の成果報告
・２学期に向けての方向性発表・審議
２学期実践
２学期到達状況発表会
・２学期の成果報告
・３学期に向けての方向性発表・審議
３学期実践
年間到達状況発表会
・１年間の成果と課題
・次年度への提言

● 年間のフィードバックサイクル

実現に向けて学年主任を中心とした取り組みが進められていきます。

1学期終了後には，その時点での目標到達状況をグラフやデータをもとに発表する会議を開きます。そこで各学年の成果を共有するとともに2学期以降の改善点を協議します。

この会議は2学期終了後にも行いますし，3学期終了後には年間の到達状況を発表します。

こうした会議を年間のスケジュールに位置づけているため，絶えず目標を意識した取り組みがなされます。また効果をあげた取り組みが具体的に発表されますので，指導法の共有化が図れます。

それでは，目標に到達できなかったらどうなるのでしょう。ここが難しいところです。しかし，それをあまりうるさく言えば意欲も減退し数字だけを伸ばす取り組みに心が動いてしまいます。

学力を測るツールとして数字を重視しますが，数字だけでは測れないのも学力です。たとえば高学年の難しい時期に数字上の学力上昇は見ら

▲ データをもとに到達状況を発表する学年主任（写真は2学期終了時点）

れなくても，子どもが毎日喜んで登校してくる楽しい学級づくりをした先生の努力は認めるべきです。どの学年，学級にも言葉にはできない苦労があったはずです。

原田小学校では，数値として見える学力の伸びなくしては見えにくい学力を伸ばすことができないと考え多くのデータを収集していますが，それにとらわれすぎないようにも注意しています。

学年主任による学力向上委員会

学年での取り組みは学年主任が中心になって行います。学年主任は，学年の研究主任であり教務主任であるという位置づけです。

学年主任は，年度当初に引き受けた子どもたちの学力状況を踏まえて，その年度の到達目標と指導の方針を学年に提案します。さらに学年目標審議会で全体の場に提案し承認を受けた後，責任を持って学年運営にあたっていきます。

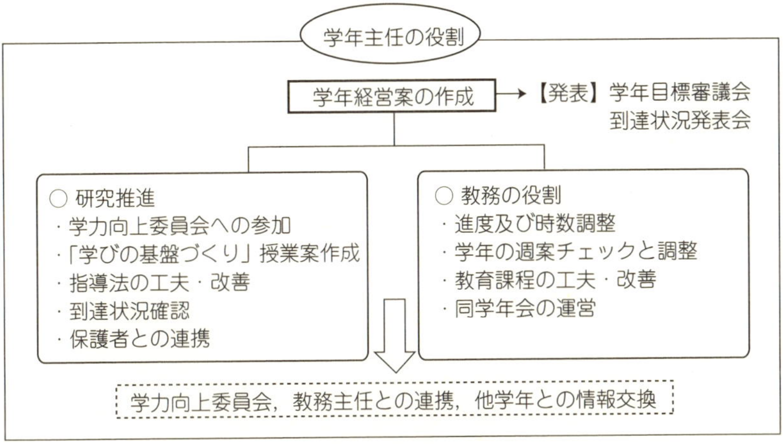

● 学年主任の役割を示したもの

こうした役割を担う学年主任は，校長の示した学校の教育目標をしっかりと理解していなくてはなりません。そこで，学校の教育目標を受け学年主任としての役割を担ってみたい先生は学年主任に立候補できます。

例年２～３名の先生が立候補してくれますが，徐々に増えていってくれることを期待しています。

学年主任で構成する学力向上委員会には２つの機能があります。学校の教育目標の実現に向けて各学年を指導する指導機能と，学年間の取り組みを調整する調整機能です。先生たちの要望を受けて研修や環境も計画します。

学力向上委員会

学力向上委員会の計画で進められる研修や作業

講師を招いての実技研修

校内環境のための掲示物作成

職員が講師を務める職員研修

校内研修といえば，外部から講師を招いて行う研修が一般的ではないでしょうか。原田小学校では各担任の効果的な取り組みを学校全体に広めることを目的とした研修会を実施しています。

この研修会の利点は，実際に本校の子どもに指導して効果があった指導法を学べるという点です。同じ小学生といっても学校によって少なからず特色の違いがあります。ですから一般論ではなく本校の子どもに効果が見られた指導法を学べるのは魅力的です。また，本校の取り組みを基盤にした指導法ですから，学級ですぐに活用できるという利点もあります。

研修とは，何もえらい先生に新しい方法や考え方を学ぶだけではありません。身近な人がなにげなく使っている指導技術でも，自分が知らないことを学ぶことができれば指導の幅ができ，さらにそれを工夫改善することができます。

何ごとも手ごたえを感じられれば楽しいものです。こうした研修会は先生たちに好評でいつも笑い声が聞こえる研修になります。

◀▲ 校内研修会で講師を務める本校の先生

週３回の同学年会

本校は月・水・金曜日が同学年会の日です。いずれも16時15分から17時までの45分間で，その日は会議等を入れずに，同学年で指導法の研修や子どもについての情報交換ができるようにしています。

週に３回の同学年会をするには，その他の会議を減らさなければなりません。しかし，学力育成が学校の教育目標ですから，学力育成の要としての同学年会を中心に考えるのは当然でしょう。

思いきって減らしましたが，他の会議をしないわけではありません。必要な協議は同学年会の実施を妨げないようにして行っています。

同学年会では，特に進度と時数には細心の注意を払って調整しています。

学習指導要領では教科の時数が定められていますが，それは45分間を１単位時間としています。たとえば１年生国語の年間授業時数は272時間ですから，45分間の授業を272時間以上行う必要があります。

したがって，15分間の＜学びの基盤づくり＞を時数にカウントしている以上，しっかりと時数計算を行わなければなりません。つまり，３コマで１単位時間（45分間）の実施になります。

同学年会での主な議題

・＜学びの基盤づくり＞の授業内容と方法
・日常授業の内容と方法
・資料作成（学年で手分けして作成します）
・進度と時数の調整

こうした時数のチェックは通常は教務主任の役割ですが，本校では学年主任もその役割を担います。学年での時数をチェックし，それを教務主任に提出し，教務主任がさらにチェックするという仕組みです。

こうすることで，指導法については学年主任の裁量が生かされるようになり，特に３コマ目の「学年計画」の指導内容も，目の前の子どもを見たうえでより効果的と思われるものを扱うことができます。

校長	教頭	教務	学年主任

教科等		授業時間数 1時間(A) 計画	1時間(A) 実施	1時間(A) 累計	1／3時間(B) 計画	1／3時間(B) 実施	1／3時間(B) 累計	実施総時数 (A)＋(B)
各教科	国語				／3	／3	／3	／3
	社会				／3	／3	／3	／3
	算数				／3	／3	／3	／3
	理科				／3	／3	／3	／3
	生活				／3	／3	／3	／3
	音楽				／3	／3	／3	／3
	図画工作				／3	／3	／3	／3
	家庭				／3	／3	／3	／3
	体育				／3	／3	／3	／3
道徳								
学級活動（1）					／3	／3	／3	／3
学級活動（2）					／3	／3	／3	／3
総合的な学習の時間					／3	／3	／3	／3
総授業時数					／3	／3	／3	／3
クラブ活動								
児童会活動								
学校行事								
その他								
総計					／3	／3	／3	／3

●週案に1/3時間のカウントができるようにし，学年主任の押印欄を設けています。

ロスをなくす授業の型

＜学びの基盤づくり＞は15分間ですから時間と効果のロスをなくすことが大切です。そのためには，全員の子どもが目標に向けて集中する時間にしなければなりませんし，そうした姿勢を日常的に育てていなければなりません。

原田小学校では，＜学びの基盤づくり＞に限らず日常的な教育活動を充実させるために授業の型を整えるようにしています。そのいくつかを紹介しましょう。

机の並び　―整然と―

机の並びは基本です。整然と並んでいなければいけません。これは授業に対する姿勢を形として表しています。これから授業するのに机が乱れていたり机の上が片づいていないのは授業への真剣さが足りないのです。また，そのことに先生が気づかないとすれば先生の真剣さが足りないのです。

大人でも大切な仕事にとりかかるときは，仕事に集中できるように身のまわりを整えるはずです。学習するときには学習に集中できるように机を整理するよう指導してこそ先生の姿勢が子どもに伝わります。

机の並びを乱したり机や椅子の上に上靴のまま乗っても，あまり気にとめない先生が増えてきているような気がします。そうした小さなところから学級の乱れが生まれてくることに気づいていないのでしょう。

机の並びや不必要な行動は見逃さずに指導する先生の感性と意志の強さが求められます。そうした先生の姿勢を子どもに示すことなく基本的な生活習慣を育てることができるはずがありません。まして15分間と

3年生の授業の様子

6年生の授業の様子

いう非常に短い時間で成果を出す授業ができるはずがありません。

また，机が整然と並んでいることは機能面からも優れています。教室のどこからでも子どもの動きが見やすくなり，つまずいている子どもや早く終わっている子どもなどに目を向けることができます。

姿　勢　―背筋を伸ばして―

授業の間，背筋を伸ばして学習できる子どもは学習に集中できます。これは身体の姿勢とともに心の姿勢の現れです。

よい姿勢で学習することの大切さに異論を唱える人はいないでしょうが，それを徹底させるとなると難しいものがあります。また，姿勢と学習効果の関係をあれこれ説明しても子どもには説得力を持ちません。

ですから学習するときには正しい姿勢をすべきだ，と教える必要があります。形から入るわけです。その形に能率や美的な面からの意義に気づくのはもう少し大人になってからでしょう。

学習するときには正しい姿勢でいることを指導をすると，大切なときには背筋を伸ばすことが礼儀であることを自然に学んでいきます。

こうした人としてのふるまい方に通じる指導は学習効果ばかりを狙うのではなく，人としての資質を育てているということを念頭に置いて細かく行うべきと考えています。なぜなら正しい行為ができる子どもが正しくない行為に気づくことができるからです。

右の写真は椅子を横向きにして座っています。背もたれに寄りかかる癖をなくして背筋を伸ばすように＜学びの基盤づくり＞の時間だけこうした座り方をしている学級もあります。

1年生だってきちんとした姿勢ができます

板　　書　−目的を明確に−

黒板構成には先生の工夫が反映されます。<学びの基盤づくり>のようにテンポよく進めていく授業では，授業前の準備が必要です。

黒板には今日の授業に使う資料を進め方に適した配列で並べています。子どもが見やすいように，見て楽しいように色をつけたり写真を使ったりもします。もちろん，チョークで書く場合もあります。

原田小学校では 1 校時 3 コマで実施しますから，3 コマ分の資料が貼られています。こう書くと先生は忙しいだろうな，と思われるかもしれません。しかし，一定期間（2 週間）は同じ内容を継続して行いますので，子どもにも貼ることができます。

下の写真は子どもたちが資料貼りを手伝っている様子です。

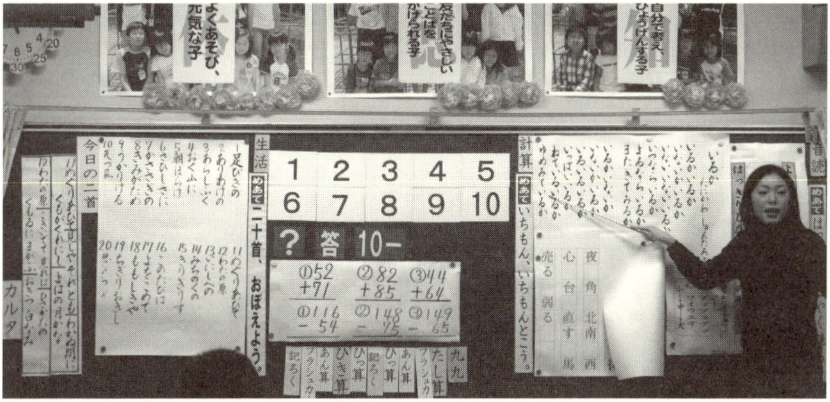

◀ 資料貼りを手伝う 4 年生

繰り返しますが，＜学びの基盤づくり＞の内容は，昨日から今日へと発展するというものではなく，習熟・定着をめざしての繰り返しです。子どもが飽きるくらい同じことを徹底してこそ成果が出ます。

動　　き　ー素早くー

活動を楽しくするためには変化を持たせると効果的です。学習内容ばかりではなく机や椅子の移動，子どもの向きの移動なども積極的に取り入れます。

たとえば机の移動があります。原田小学校では歴史カルタや季節カルタなどはグループにして行います。そのため「カルタ」と先生が言えば，子どもは素早く行動して机の並べ替えをします。しかも，カルタは勝ち負けがありますから，昨日の結果をもとに今日の対戦相手の場所に移動していきます。「移動 10 秒」などと指示を出しながら素早く移動すること自体にゲーム性を持たせていますので，子どもたちも非常に楽しそうです。

また，向きを変えることもあります。教室中に資料を貼っていますので，横を見たり後ろを見たり，お互いに向き合って声を出し合ったり，

机の変化

側面を見ての百人一首

口の大きさを確認しあったり，などいろいろです。

授業に動きを入れつつ集中すべきところは集中して行うという，静と動が調和した授業は，子どもばかりではなく先生も楽しいものです。

こうした動きはその目的をしっかりと理解させて行うと，１年生でもすぐにできるようになります。

ルール遵守

＜学びの基盤づくり＞の授業は 15 分で行っていますので，その中で楽しく充実した成果をあげるには子どもの協力が不可欠になります。

いっせいに声を出したり，次の活動に素早く変化したり，移動後は背筋を伸ばして準備完了を先生に伝えながら友だちを待つ，などです。

そうした授業のルールは，そのまま集団行動のルールに重なります。原田小学校が＜学びの基盤づくり＞の授業を始めて真っ先に現れた成果は，集団規律の変化でした。

別に集団規律を意識して指導してきたわけではないのですが，授業にしろ集団行動にしろ他の人とともに行動する際の社会ルールを守ることが基盤となるのは同じです。ルールは言葉で説明するばかりではなく，日々の授業の中で実体験として感じさせることで子どもなりの意義を見つけていくのではないでしょうか。

<学びの基盤づくり>への保護者の意見

＜学びの基盤づくり＞の実施については，保護者の方々から多くの賛同をいただきました。PTA の会長さんはもとより，参観した方々から励ましの声をいただいています。学校としては保護者の方々のご支援ほど心強いものはありません。

また，学校便りには保護者からの返信欄を設けていますが，そこに書かれた意見の半数以上は＜学びの基盤づくり＞の授業に関することと，それに対する子どもの変化についてです。

昨年から原田小学校はたくさんの先生方の訪問を受けました。自分の学校でも実施したいと考えている方が多いようです。そこでこうした保護者の意見は参考になると思いますので，いくつかを紹介します。

また，保護者の方々がどのような点に疑問や不安を持たれるかについても紹介し，それに対する考えも述べさせていただきます。

保護者の感想

▲ PTA 会長
北崎順敬さん

＜学びの基盤づくり＞を初めて見たとき，私が描いていたイメージとはまったく違う授業に驚きを隠せませんでした。児童は目を爛々と輝かせ，大きな口ではきはきとリズミカルに発声しているではありませんか。

親としてうれしく，また頼もしく感じました。私の子どもが今まで 3 分かかったのが 2 分でできるようになったと喜んでいるのを見て，折にふれ井上校長が言っておられた児童の学力の向上の成果が出ているのだと実感いたしました。

ぜひ，今後も子どもたちのために末永く継続していただきたく，また他校へも広めてもらいたく感じる次第です。

保護者の感想

❑ ＜学びの基盤づくり＞の時間は，時には子どもにとってきつい時間でもあるようですが，親としては基礎基本を重視した通常の授業を補う内容の時間は大賛成です。ぜひ，来年度以降も続けていただきたいと思っています。（1 年生）

❑ ＜学びの基盤づくり＞には大賛成です。自分にすごく自信がついたようで，学習に対して意欲的になりました。ぜひ続けてほしい。（2 年生）

❑ ＜学びの基盤づくり＞は 15 分区切りというのが集中して取り組めてちょうどいいと思います。昨年は TV 放送や他校からの見学があったせいか，他地域の友だちに「いいね」とうらやましがられました。基礎をしっかりつけていただけるのは今後の成績にもよい影響があると期待しています。今後もぜひ続けてほしいと思います。（3 年生）

❑ 昨日よりも 1 つ多くできた，少し悪くなったとか毎日言っています。それだけ本人の意識が高いのだなあと感じています。短時間で自分の最大の力を発揮することの繰り返しは子どもたちにとって，とても大きなもののようです。この取り組みには感謝しています。（4 年生）

❑ 学習参観のときは，ほとんど私語もなく学習に集中していました。これも＜学びの基盤づくり＞の成果の一つではないかと思っています。（5 年生）

❑ 頑張っている子どもに対して，褒めてあげることが少なかったのではないかと反省しています。（6 年生）

＜学びの基盤づくり＞の授業を続けることに対して

H19. 2 現在

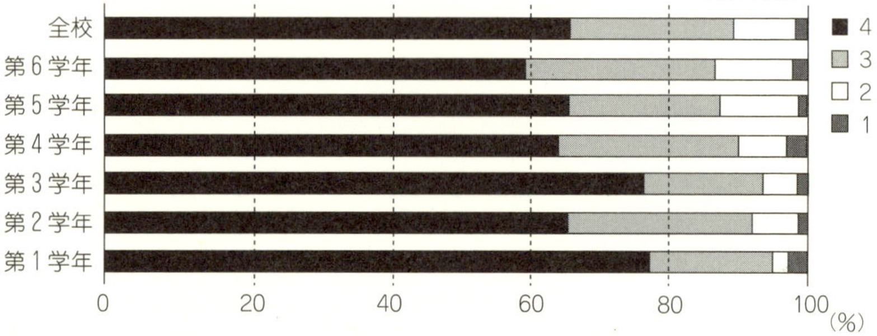

「4　ぜひ続けてほしい」「3　続けてほしい」という意見が 9 割以上です。

紹介したものは一部ですが，＜学びの基盤づくり＞の考え方や取り組みに対しては非常に高い割合で支持を得ています。もちろん，自分の子どもには成果が見えないと言われる方もありますので，今後も工夫改善を行っていく必要を感じています。

意見や疑問

Q1

＜学びの基盤づくり＞の時間は，子どもたちがリズム・テンポ・キレのある動きをしていますが，うちの子はのんびりしているので，そのテンポについていっているか心配です。

A 子どもが速さについていけないのではないかという心配は，＜学びの基盤づくり＞を参観された多くの保護者の方々が心配されるようです。また，見学された他校の先生方も必ずこのことを質問されます。

基本的に＜学びの基盤づくり＞では，遅れた子どもを待つのではなく先生の速さについてこれるようになるまで待ちます。それは思考回路を鍛えるために有効であると考えているためですが，それ以外にもこの時間の特色から２つの理由があります。

一つの理由は，＜学びの基盤づくり＞で行う内容は一定期間同じ内容の繰り返しであり，今日の理解のうえに明日の学習があるというものではありません。ですから今日はうまくできなくても明日はできるかもしれません。事実，子どもは大人が考える以上に早く速さに慣れます。転入してきた子どもも最初は戸惑いますが，次第に他の子どもと同じ速さになります。

もう一つの理由は，子どもに自分の能力を確認させたいからです。遅れるということはどこかに解消すべき点があるということです。それを解消して他の子どもと同じ速さでできるようになるためにはだれの努力が必要でしょうか。言うまでもなく子ども自身です。最初は遅れていた子どもが速さについていけるようになると，だれの手助けでもない自分自身の努力の成果を強く感じることができるはずです。

大きくは以上の２点ですが，それ以外にも速さがゲーム的な要素となってこの時間を楽しいものにすることも忘れてはいけません。速さや変化は子どもが好む要素です。

Q２

伸びていける子どもはいいけれども，ついていけない子どもへのケアはどうなっているのでしょうか。基本ができていない子どもは置いていかれるようで不安です。

習熟度別やTTなどで学力に応じた課題はできないでしょうか。

A Ｑ１が速さについての不安であれば，このＱ２は理解度への不安でしょう。特に算数を念頭に置いた不安だと思います。Ｑ１でも書きましたが，＜学びの基盤づくり＞は時間をかければだれにでもできる内容を速くできるように取り組ませています。とは言っても子どもが難しいと感じれば時間を短縮していく楽しさが生まれません。何より解くこと自体がいやになります。

そこで，数種類のプリントを用意して，その子にあったものをさせるようにしています。また，暗算などで行う場合に「できた・できない」をうるさく言わないようにもしています。

習熟度別指導やＴＴですが，これは15分授業ではなかなか難しい面があります。ただ，授業内容そのものが習熟度に差が出るようなものではありません。たとえば計算でも非常に単純なもので

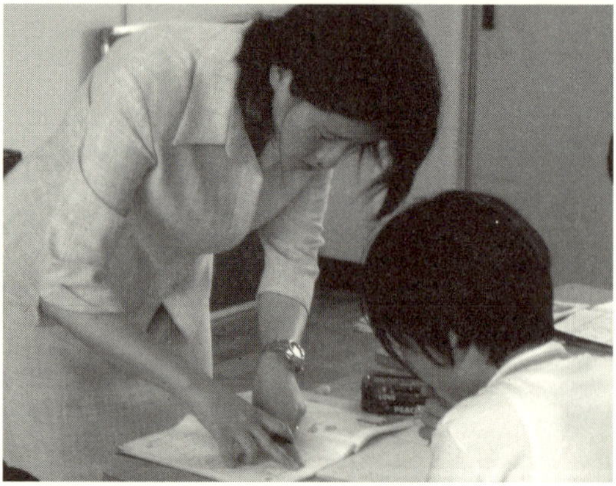

▲個別指導の充実

あるように，何度も繰り返し行うことを重視していますから，差が出るとすれば速さです。それは昨日の自分と比べて伸びを自覚するように指導していく必要があると考えています。

一方，45分間の授業では習熟度別指導やTTを充実させるよう努力しています。

Q3

算数では応用問題も解けるようにしていただきたい。

A ＜学びの基盤づくり＞の特性から自分の知識や考え方をあてはめてじっくりと考えていくような応用問題を実施するには適していません。45分間授業の中で応用問題をじっくりと解けるように，そのときに使う（既習の）知識や技能を習熟，定着させることがねらいです。

＜学びの基盤づくり＞を知的な素地を育てる15分間にし，日常授業をそれを活用してしっかりと考え応用力を育てていく45分間にしたいと考えています。

Q4

計算のときに速い時間で解こうとして字が雑になります。丁寧に字を書くことも指導してほしいと思います。

A 速さに目が向き字が乱暴になってしまうのは困ったことです。原田小学校では＜学びの基盤づくり＞の1コマ目に国語を実施していますが，その中で視写を取り入れています。それは，字をきれいに書かせたいという願いからです。ただ，2コマ目の計算の時間では，指の力が弱く鉛筆の技能も高くない子どもが速いスピードで答の数字を書いていくと字が乱れてしまいます。

できるだけ注意してきれいに書かせたいと思っていますが，まだ，速さと字の美しさを両立させる方法を見つけるまでにはいたっていません。

著者紹介

井上　和信（いのうえ・かずのぶ）

昭和 54 年　福岡県筑紫郡那珂川町立安徳北小学校で教職をスタート
平成　7 年　福岡県教育委員会指導主事
平成 13 年　那珂川町立安徳小学校教頭
平成 14 年　福岡県教育センター（総括）主任指導主事
平成 16 年　福岡県糟屋郡宇美町立原田小学校校長　現在に至る

主な著書

歴史を見る目を育てる人物学習（共著）　第一法規出版　1991 年
社会科指導の評価と一体化の実際（共著）　澁澤文隆（編）　明治図書出版　2005 年

15分で基礎学力

リズム・テンポ・キレのある楽しい授業

2007年6月30日　初版第1刷印刷
2007年7月10日　初版第1刷発行

定価はカバーに表示してあります。

著　者　井　上　和　信

発行所　㈱北大路書房
〒603-8303　京都市北区紫野十二坊町12-8
電　話　(075) 431-0361㈹
ＦＡＸ　(075) 431-9393
振　替　01050-4-2083

制作／T. M. H.　　印刷・製本／㈱シナノ
検印省略　落丁・乱丁本はお取り替えいたします
ISBN 978-4-7628-2566-8　　Printed in Japan